居里夫人自传

〔法〕玛丽·居里◎著
李千驹◎译

Marie Curie

北方文艺出版社

图书在版编目（CIP）数据

居里夫人自传 / [法] 玛丽·居里著；李千驹译. -- 哈尔滨：北方文艺出版社，2017.1（2018.7重印）

ISBN 978-7-5317-3716-2

Ⅰ. ①居… Ⅱ. ①玛… ②李… Ⅲ. ①居里夫人（Curie, Marie 1867-1934）- 自传 Ⅳ. ①K835.656.13

中国版本图书馆 CIP 数据核字（2016）第 252115 号

居里夫人自传
JULI FUREN ZIZHUAN

作 者 / [法] 玛丽·居里

责任编辑 / 王金秋

出版发行 / 北方文艺出版社
网 址 / www.bfwy.com
邮 编 / 150080
经 销 / 新华书店
地 址 / 黑龙江现代文化艺术产业园 D 栋 526 室

印 刷 / 北京京丰印刷厂
开 本 / 787×1092 1/32
字 数 / 180 千
印 张 / 6
版 次 / 2017 年 3 月第 1 版
印 次 / 2018 年 7 月第 2 次印刷

书 号 / ISBN 978-7-5317-3716-2
定 价 / 46.00 元

代序　悼念玛丽·居里　爱因斯坦

自序　我的信念　居里夫人

第一章　居里夫人自传

1. 我的家庭 / 2
2. 婚后生活 / 21
3. 在战争中 / 46
4. 美国之行 / 66

第二章　皮埃尔·居里传

1. 居里家族 / 80
2. 青年时期的梦想 / 89
3. 最初的研究 / 97
4. 生活与品德 / 115
5. 镭的发现 / 131
6. 缺乏关怀下的奋斗 / 142
7. 民族的悲痛 / 168

居里夫人生平大事年表 / 175

代序

悼念玛丽·居里

爱因斯坦

对于居里夫人这样一位崇高人物的一生，我们不要仅仅满足于回忆她的工作成果和对人类所做出的贡献。第一流人物对于时代和历史进程的意义，在其道德品质方面，也许比单纯的才智成就方面还要大。即使是后者，它们取决于品格的程度，也许超过通常所认为的那样。

我幸运地与居里夫人有20年崇高而真挚的友谊。我对她伟大的人格愈来愈感到钦佩。她的坚强，她纯洁的意志，她律己之严，她的客观，她公正的判断——所有这一切都难得地集中在一个人身上。她在任何时候都意识到自己是社会的公仆，她极端谦逊，永远不给自满留下任何余地。由于社会的严酷和不公平，她的心情总是抑郁的。这就使得她的外表显得严肃，很容易使那些不接近她的人对她产生误解——这是一种无法用任何艺术气质来解脱的少见的严肃性。一旦她认识到某一条道路是正确的，她就毫不犹豫地、并且极其顽强地坚持走下去。

她一生中最伟大的科学功绩——证明放射性元素的存在并把它们分离出来——所以能做到，不仅是靠着大胆的直觉，而且也靠着难以想象的、在极端困难情况下工作的热忱和顽强，这样的困难，在实验科学的历史中是罕见的。

居里夫人的品德力量和热忱，哪怕只有一小部分存在于欧洲的知识分子中间，欧洲就会面临一个比较光明的未来。

（1935 年 11 月 23 日，在纽约罗里奇博物馆举行的居里夫人悼念会上，爱因斯坦所做的演讲。）

自序

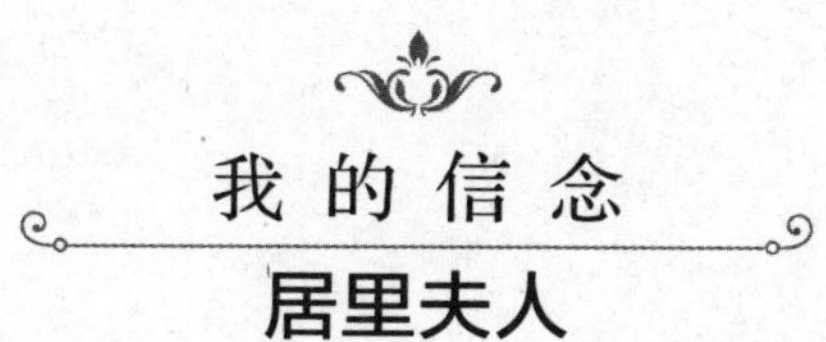

我的信念

居里夫人

生活对于任何人来说都非易事，我们必须要有坚韧不拔的精神；最紧要的，还是我们自己要有信心。我们必须相信，我们对一件事情是有天赋才能的，并且，无论付出任何代价，都要把这件事情完成。当事情结束的时候，你要能够问心无愧地说：“我已经尽我所能了。”

有一年的春天，我因病只能在家里休息数周，我注视着我的女儿们所养的蚕，结了茧子。这使我极感兴趣，望着这些蚕固执地、勤奋地工作着，我感到我和它们非常相似，像它们一样，我总是耐心地集中在一个目标。我之所以如此，或许是因为有某种力量在鞭策着我——正如蚕被鞭策着去结它的茧子一般。

在近五十年中，我致力于科学研究，而研究基本上是对真理的探讨。我有许多美好快乐的回忆。少女时期我在

巴黎大学孤独地过着求学的岁月；在那整个时期中，我丈夫和我专心致志地，像在梦幻之中一般，艰辛地在简陋的书房里研究，后来我们就在那儿发现了镭。我在生活中，永远是追求安静的工作和简单的家庭生活。为了实现这个理想，我一直竭力保持宁静的环境，以免受人事的侵扰和承受盛名的喧嚣。

我深信在科学领域，我们是有对事而不是对人的兴趣。当皮埃尔·居里和我思考应否在我们的发现上取得经济上的利益时，我们都认为这是违反我们纯粹研究观念的。因而我们没有申请镭的专利，也就抛弃了一笔财富。我坚信我们是对的。诚然，人类需要寻求现实的人——他们在工作中获得最大的报酬。但是，人类也需要梦想家——他们在一件忘我事业的进展中，受到了强烈的吸引，使他们没有闲暇，也无热情地去谋求物质上的利益。我的唯一奢望，是在一个自由国家中，以一个自由学者的身份从事研究工作，我从没有视这种权益为理所当然的，因为在二十四岁以前，我一直居住在被占领和蹂躏的波兰，我估量过享受法国自由的代价。

我并不是一个生来就性情温和的人。我很早就知道，许多像我一样的人，哪怕只是受了一言半语的苛责，便会过分懊恼，他们会尽量隐藏自己的敏感。我从丈夫的温和沉静的性格中，获益匪浅。当他猝然长逝以后，我便学会了逆来顺受。我年纪愈渐老了，也愈会欣赏生活中的种种琐事，如栽花、植树、建筑；对诵诗和眺望星辰，我也有一点兴趣。

我一直沉醉在世界的优美当中，我所热爱的科学，也不断展示给我更新的前景。

我认定科学本身就具备高尚的美。一位从事研究工作的科学家，不仅是一个技术人员，也是一个小孩，他好像沉醉于神话故事中那样，沉醉在大自然的景色当中。这种魅力，就是使我终生能够在实验室里埋头工作的主要原因了。

第一章

居里夫人自传

我的家庭

美国的朋友们让我把自己的生活经历写下来。刚开始的时候，我觉得这个建议对我来说真的是难以接受，但是最后，我还是被友人们说服了，勉强地写了这个简短的生平传记。但我不可能凭借这本简略的传记写出我一生中的全部感受，也没办法对我所经历过的全部事情进行详述。时过境迁，许多关于当时感受的记忆已经模糊，时间越久，就越发模糊不清，竟至有时还认为有些事情与自己无关，好像是别人的经历。无疑，人的一生总会受一些主要思想以及某些深刻感受的影响与支配，从而使生活能够沿着一条主线往前走。有了这一主线，就会明白当时为什么这么做而不是那么做，就可以看出当事人的性格等各方面的特点。我会把自己并不算一帆风顺的一生做一个概述，将其中的要点记叙下来。相信我的故事能够将我从工作和生活中得到的启示展示给大家。

我的祖籍是波兰，名叫玛丽·斯可罗多夫斯卡。我父母都出生在波兰的小地主家庭。在我的祖国，像我父母那样拥有一份不大产业的中产阶级的人数颇多。他们成为社会上的一个阶层，彼此之间通常有着千丝万缕的联系。直到现在，波兰的知识分子大部分都还来自这一阶层。

我的祖父管理着一所省立中学，闲暇时也会干些农活。我的父亲热爱学习，曾在俄国圣彼得堡大学读书，毕业后回到波兰，在华沙的一所预科大学里教授物理和数学。他娶了一位与他情投意合、志趣相同的女子为妻。母亲很年轻时，就已经在华沙一所女子学校担任校长了。那时候，她所从事的教育事业是极其崇高而又庄严的。

我的父母始终对自己从事的教育事业兢兢业业、恪尽职守。他们的学生遍及波兰，可谓桃李满天下。这些学生直到现在仍十分感激我的父母，并且怀念着他们。即便在今天，每当我回到波兰，遇见以前父母教过的学生，他们还总会向我倾诉对我父母的怀念。

我的父母虽然在城市里从事教育事业，但他们与农村的亲戚们来往频繁。每到放假，我都会到农村亲戚家去住上一段日子，这使我对波兰的农村有很深了解，并因此喜

欢上了农村。在那里，我感到无拘无束，散淡惬意。我想这段难忘的生活经历也正是我终生喜爱田野乡村，热爱大自然的原因吧！

1867 年 11 月，我出生在华沙，我是家中五个子女中最小的一个，但是我的大姐仅 14 岁就不幸病逝，所以留下了我们姐妹三个和一个兄弟。我的母亲因为大女儿的不幸病逝而悲恸欲绝，并因此患上了不治之症，她在年仅 42 岁的时候便撒手人寰。母亲去世时，我仅 9 岁，哥哥也只有 13 岁，全家人都沉浸在无以言表的悲痛之中。

亲人的突然离世，是我人生中第一次遭遇的最悲惨、最痛苦的事情。在这之后，我就陷入了忧伤、悲戚之中。我的母亲品格高尚、温柔敦厚、心地善良，她不仅知识广博，心胸坦荡且严于律己，在家中很有威望，大家都信服她。她对自己的信仰非常虔诚（我的父母亲都是天主教徒），但又能够包容一切，对有关宗教的不同看法，她向来都是求同存异，不将自己的观点强加于人。这对我们是有着很大影响的。于我个人而言，一方面是因为身为小女儿备受呵护与关爱，使我深爱着我的母亲，另一方面，那种崇拜之情也将我和母亲紧密地联系在一起。

母亲去世之后，父亲深感悲痛，但他并没有因此而消沉，而是全身心地投入到了自己的工作当中，投入到对自己孩子们的教育上来，从而使自己没有多少空闲再去伤心难过。母亲过世多年后，我们仍然感到很不习惯，总是觉得家中少了灵魂和主宰。

我们家的孩子很早就开始学习了，我6岁入学，在班里是年龄最小、个子最矮的。每当有人听课或是参观时，老师总是把坐在第一排的我叫上讲台朗读课文。我性格内向，一听到叫我上台就会吓得不行，恨不能跑出教室躲起来。我的父亲是一位优秀的教师，十分关心我们的学习，并懂得如何对我们进行指导，但是由于家里的经济条件不是很好，一开始我们上的是私立学校，后来就不得不转到公立学校了。

当时华沙正处在俄国的统治之下，在他们的统治下最残酷的地方就是对学校和学生进行严密的控制与迫害，波兰人经营的私立学校都被警方监视，并且全部使用俄语教学。这样，学生们在很小的时候就开始学习俄语，以至于自己的母语——波兰语反而说不利索了。幸亏这些学校的老师全是波兰人，他们不想受此迫害，想尽一切办法让学生们多掌握一些波兰语。这些私立学校都不被准许授予正式文凭，仅有公立学校才有这个权力。

俄国人控制着所有的公立学校，他们一味地压制波兰人的民族意识觉醒。学校里所有的课程均由俄国人用俄语讲授。由于仇视波兰民族，那些俄国教师像对待敌人似的对待学生。品德高尚、知识渊博的老师都不愿意到这种学校去教书，因为他们忍受不了这种敌视。身处这种校园环境中，孩子们学习的知识是否有用是很让人怀疑的。尤其严重的是，这样的环境对孩子们道德品质的影响着实令人担忧。在这种监视之下，如果有谁不小心说了一句波兰话，或是用词稍不留神，就要受到严厉的处罚，不但自己倒霉，还会殃及家人。在这种严酷的环境里，孩子们天真烂漫的本性丧失殆尽，也无法感受到生命的乐趣。但是，另一方面，这种恐怖的氛围也将青少年内心极大的爱国热情激发出来了。

在异族蹂躏与丧母之痛的双重影响下，我少年时期的日子过得郁郁寡欢，毫无生趣。不过，仍旧有一些愉快的事情，保留在我的记忆当中。亲朋好友的欢聚令人兴奋愉快，让我们原本郁闷的生活有了慰藉与希望。除此之外，我父亲特别喜爱文学，能够熟记波兰和外国诗人们的诗歌，并且自己也能作诗赋词，他还经常将外国的优秀诗篇翻译成波兰文。他以家庭琐事为题材所写的短诗常令我们赞叹不已，佩服至极。每个周末的夜晚，我们都会围坐他的身旁，听他为我们朗诵波兰的著名诗歌和散文。这样的夜晚其乐融融，并且在不知不觉中使我们的爱国主义情愫日益增强。

自少年时起我就十分热爱诗歌，并且能够将波兰著名诗人们的大段诗篇背诵下来，在这些诗人中，我最欣赏的就是密茨凯维支、克拉西茨基和斯沃伐茨基。在我日后开始学习外国文学时，这种爱好就愈加明显了。我很早就开始学习法语、德语和俄语，并且能够阅读使用这些语言的外文书籍。后来，我觉得英语很有用途，便开始学习英语，不久就可以阅读英文书籍了。

我对音乐研究得很少，虽然，我母亲是个音乐家，拥有很美的嗓音，她希望我们都能跟她学点音乐，但我却因为对音乐不怎么感兴趣而没能开窍。她去世之后，没有了她的鼓励与督促，我曾经跟她学到的那仅有的一点音乐知识，也都荒废了。每当我想到这些的时候，总是免不了要懊悔。

中学时期学校最重视的数学和物理我都学得毫不费力，并且成绩很好。每当遇到问题，我便会向父亲请教。父亲热爱科学，并且在学校也进行这类课程的教学。他喜欢尽自己所能向我们解说大自然的奥秘和他对科学的研究。可惜的是，他没有自己的实验室，所以无法进行实验研究。

假期尤其令人感到开心，我们住在乡下的亲友家中，避开了警探的监视，可以自由自在、无忧无虑地生活。我

们在林中奔跑喊叫，还在广阔的田地间劳作，乐得心花怒放，自在极了。有些时候，我们甚至越过俄国边境进入加里西亚山中，那儿不是俄国的领土，而是由奥地利人统治的。奥地利人要比俄国人好一些。在那里，我们可以尽情地讲波兰语，高声唱爱国歌曲，而不必担心被捕入狱。

也许是从小生活在平原地区的缘故，我对山峦的第一印象很好，也非常喜欢住在喀尔巴阡山的小村子里，喜欢那巍峨突兀的山峰，喜欢在山谷里和高山之间那被诗意地称为“海之眼”的湖泊旁流连忘返。但是，在我心中，对那一望无垠的平原的眷恋却从未消失，那开阔的视野，那柔和的色调，永远使我的心灵感到震颤。

后来，父亲带我到更南边的波多尼亚度假，第一次看到大海是在敖德萨，后来又北上到了波罗的海。这次经历对我来说是美好的。但是，直到去了法国，我才算是真正地领略到了海洋的波涛澎湃和潮汐涌退的壮丽景象。在一生之中，每当看到大自然的新景象，我总是会像个孩子似的欢呼雀跃。

我们的学生生涯很快就结束了，那些偏向思考的课程我们都已经了然于胸，学习起来毫不费力。我的哥哥从医学院毕业之后，走上了从医的道路，后来成为华沙一家著名医院的主任医师。我和我的姐姐们原打算像父母那样去当教师，但是后来，随着年龄的增长，我的大姐改变了主意，决定也去学医，她在巴黎大学取得医学博士学位后，嫁给了一位波兰内科医生德鲁斯基。他们夫妇两人前往奥属波兰喀尔巴阡山区一个风景秀丽的地方创办了一家大型疗养院。我的二姐在华沙嫁给了斯查莱先生，她在学校从事教育工作多年，一直兢兢业业，波兰独立后，担任了一所中学的校长。

中学时代，我的成绩一直名列前茅，我毕业时刚刚 15 岁。由于读书用功，身体劳累，我不得不在毕业之后到农村生活、休养了将近一年的时间。在那之后，我又回到了华沙，回到了父亲的身边。开始我希望去一所免费中学任教，但因家境不佳，我不得已改变了自己的决定。当时父亲已经年迈，心力交瘁，需要休息，但是他的收入却很微薄。所以，我决定找一份待遇更好的工作来减轻他的压力。因此，17 岁那年，我接受了一份家庭教师的工作，从那时起，我就离开了父亲的家，开始了一个人在外地的生活。

离家时的情景我至今历历在目，难以忘怀。上火车的时候，我的心情十分沉重。我将被火车带到要行驶几个小时才能到达的远方，并且下了火车后，我还需要乘坐马车再走五个小时的路程。车窗外广袤的平原飞一样地向后退去，我的心却像是坠了铅一样：等待我的将会是什么呢？

我前去任教的家庭男主人是一位农场主，他的大女儿和我年龄相仿，在跟我学习的过程中，渐渐成了我的伙伴。除了她，主人家还有一个男孩和一个女孩。我和他们相处得很好。每天课程结束之后，我们便一起出去散步。因为非常热爱农村生活，所以在这里我并不觉得寂寞。虽然这里的景色并不算美，但却四季各异，仍然能够使我感到欢快和满足。这个庄园先进的种植技术被公认为是这个地区的典型，对于它，我有着很浓厚的兴趣。渐渐地，我懂得了种植技术，并且一直关注着谷物种植后的生长情况。在农庄的马厩里，我还逐渐摸清了马匹的脾性。

冬季来到的时候，那广袤无垠的大地上白雪皑皑，显得分外妖娆。有时候，我们驾着雪橇在雪地上飞驰，快得连路都看不清楚，吓得我冲着驾雪橇的人大喊："小心河沟！"驾雪橇的人却毫不在意地回答我："您这是正往河沟冲去，别害怕！"话音刚落，雪橇就翻倒了。不过，在雪野上翻倒一点都不可怕，反而还给我们的远足增添了乐趣。

我记得有一年冬季，大雪纷飞，积雪厚厚地覆盖着地面，我们用雪堆成了一座形状怪异的雪屋，并且坐在里面观赏远处被映成玫瑰色的茫茫雪原。我们还经常到封冻的河上去溜冰，这一切都使我们简直欣喜若狂。欢快的同时我们最担心的就是天气转暖，那样我们的这份快乐就会被夺走。

在农庄的工作并没有占用我全部的时间，所以在教课之余，我就把村子里那些因俄国人统治而没法求学的儿童，还有那些想加入我们学习、读写的女孩子组成一个班，用波兰语的课本教他们读书写字。在这个过程中，主人家的大女儿就成了我的助手。孩子们的父母对我非常感激，但是说实话，我需要承担一定的风险：虽然我的这种义务教学有利无弊，但却是政府所禁止的，因为它被认为不利于社会稳定，所以，一旦被察觉，我就很有可能被捕入狱或是被流放到西伯利亚。

而晚上的空暇时间，我一般都用来学习。我曾经听说过彼得格勒和其他国家的女性在某些领域取得成功的事迹，于是我决定以她们为榜样开始努力，争取取得和她们同样的成绩。

当时我还没有选择发展方向。开始我对文学和社会学有着很浓厚的兴趣，但是通过长达三年的学习，我却逐渐发现自己真正喜欢的还是数学与物理，因此也就一步一步地朝着这个方向发展，并暗下决心日后要到巴黎求学，并为此认真地做了学习上的准备。同时我还计划着积攒点钱，用来负担自己今后在巴黎的学习与生活。

自学的过程中充满了难题，我在中学时期所学的东西不成体系，与法国的中学相比差距很大。为了将差距缩小，我便通过自己选择的一些书籍来自学。这种方法虽然不很理想，却也收到了一些成效。我不但学到了一些对日后有所裨益的知识，还养成了独立思考的习惯。

我大姐决定到巴黎去学医时，我被迫更改了自己的学习计划。因为我家的经济状况不允许我俩同时赴巴黎留学，所以我们两个许诺互相帮助，先后完成学业。这样，我便一直待在这位农庄主家，直到三年半后我教完三个学生的课程。然后，我回到华沙，那儿有一个类似的工作在等着我。

这个新工作我只干了一年，然后我就回到已经退休并且独自生活的父亲身边，与他共同度过了一年的美好时光。在这一年中，他写了一些作品，我则通过做家教获得一些酬劳用以补贴家用。与此同时，我仍旧抓紧时间自学。在俄国人统治下的华沙，想要实现自己的梦想并不容易，但比起在农村时，成功的概率会更大一些。最令我兴奋的是，我生平第一次可以进入一间实验室去做实验：这是属于市政府的一个小实验室，我的一个堂哥是这个实验室的主任。除了晚上和星期天，我都会进实验室做实验，而且通常都是我自己在做。按照课本上所讲的方法，我做了各种各样的物理与化学实验，经常会获得一些预料之外的结果。这时候，我会因为这些成功而兴奋，并且大受鼓舞；不过有的时候，我也会由于缺乏经验导致失败而感到非常沮丧。这些经历使我更加懂得，成功的道路十分坎坷。不过，这也让我更加坚信，我的天性的确适合研究物理与化学。

后来，我又找到了一个教学工作。我加入了华沙的一个学习团体，这个团体由热衷教育事业，并且具有共同学习愿望的波兰年轻人组成，他们有一套自己独特的学习方式。这个团体带有一定的政治色彩，它要求成员以服务社会、报效祖国为己任。在一次聚会时，有一位青年说道：“祖国的希望寄寓于人民知识水平的提高和道德观念的加强之上，只有如此，才能使我们的祖国在世界上的地位得到提高。当前我们首要的任务就是努力自学，并竭尽所能地在工人和农民之间普及知识。”为此，大家商量决定：晚间每个人向广大群众讲授自己所精通的内容，用以普及知识。毋庸置疑，这个团体具有秘密结社的性质，每件事情的进展都充满了艰难险阻。直到如今，我依然深信，这个团体的参与者必将为祖国、为社会做出有益的贡献。

我至今依然对那个曾经给我带来欣喜的团体印象深刻。当时那互助互励的情景，迄今回想起来还会令我感到欣慰、激动。由于活动经费不够，这个团体并没有取得很大的成果，但是，直到现在，我仍然坚信，当时激励我们的那种精神是推动波兰社会进步的唯一途径。如果社会中的每一个人都得不到很好的教育、具备良好的素质，一个美好的社会是不可能建立起来的。为了实现这一美好的目的，所有人都要先完善自己，并且共同分担社会责任，竭尽全力投入到本职工作中去，才能有效地去帮助别人，这样，我们才觉得自己生活得更有价值。

这段时期的经历使我坚定了日后学习、深造的决心。尽管我父亲的经济并不宽裕，但爱女之心使他愿意帮助我早日完成自己的梦想。我的姐姐刚刚在巴黎结婚，我便决定前往巴黎学习，同她住在一起。父亲同我都希望我学成回国后，能够再开开心心地生活在一起，但是，后来因为我在巴黎结了婚，便留在了那里，没有再回到华沙，回到父亲身边。做科学研究工作是父亲年轻时就一直有的梦想，后来我在法国取得的成功，令远在波兰的父亲深感欣慰，因为我实现了他的梦想。父亲无私的爱，使我终生难忘。后来，父亲同我已婚的哥哥住在一起，并且作为一位慈祥的爷爷，抚养着几个孙子。1902 年，他在年逾古稀时离我们而去，给我们留下了深深的遗憾。

1891 年 11 月，在我 24 岁的时候我终于实现了多年以来魂牵梦萦的愿望。

我到巴黎的时候受到了姐姐和姐夫的热情欢迎，但是我没在他们家里住几个月，就另外寻找住处了。这是因为他们为了方便行医住在巴黎郊外，距离我上学的学校很远，而我需要就近住宿，以便省下时间学习。像许多波兰学生一样，我租住了一间家具很少的小房间。就这样，我艰难地度过了四年留学生活。

四年中，我在学习上所取得的进步很难一一讲述出来。我只身一人，没有什么纷扰，得以全身心地投入到学习中去，学业上的进步又令我心满意足，欢快不已。至于我的日常生活，可以说是非常艰难的，因为我自已原来的积蓄就不多，亲人们也没有多大能力对我进行帮助。但并不是我一个人这样，据我所知，许多波兰来的留学生的境况都是大同小异的。我住在位于顶层的阁楼里，冬天很冷，取暖炉又小，屋子里根本烧不暖和，而且煤还经常短缺，所以，在夜晚，屋子里脸盆中的水经常结冰。为了能够入睡，我把全部的衣服都压在被子上。就在这样一间小屋子里，我用一盏酒精灯和有限的几件炊具做饭。为了节省金钱和时间，我常常用一点点面包加一杯巧克力茶，几个鸡蛋或一点水果充饥。我一个人处理家务，没有麻烦别人来帮助我，连取暖用的煤，也是由我亲自弄上七楼的。

在其他人眼中这样的日子未免过于艰苦，但是我却能够自得其乐，每天都心情愉悦地埋头学习。这份生活经历也使我充分体会到了自由与独立精神弥足珍贵。在偌大的巴黎，我默默无闻地独自生活在自己狭小的天地里。尽管单寒羁旅，无依无靠，但是我并不沮丧消沉，也不觉得凄惨。偶尔有那么一会儿，孤独之感涌上心头，但因我的情绪一般十分平静，精神上又非常满足，孤独情绪总是转瞬即逝。

在学习上我存在一定的困难，尤其是在开始的时候，所以，我把精力全部集中到学习上。确实，我以前的基础知识非常薄弱，虽然到这里之前做了一些准备，但却很不充分，与法国同学的差距很大，尤其是数学的差距更大，因此我必须付出巨大的努力去弥补自己的不足。白天我在课堂、实验室和图书馆之间忙碌，晚上我就一个人躲在阁楼陋室里刻苦学习，常常学到深夜。每当学到新的东西，我便会兴奋起来。科学奥秘就像一个新的世界那样逐渐展现，我充满热情努力去学习它们并且掌握它们，这真的使我很高兴。

和同学们愉快的相处同样也给我留下了愉快的印象。初到巴黎时，我不爱说话，腼腆羞涩，但是不久我便发现同学们全都学习认真，待人亲切，因此我便开始同他们一起探讨学习上的问题，这使我对学习的兴趣更浓厚了。

在我就读的那个系里只有我一个波兰学生，但是我同一个波兰侨民小团体的关系却非常密切。我经常参加他们在一个简陋的小屋中举行的聚会，和他们一起讨论祖国波兰的各种问题，我那怀念祖国的情感在此得以尽情地抒发。我们有时会一起外出散步，有时还会参与公众集会，对政治始终保持着一种极大的热情。但是在第一学年临近结束时，我却不得不离开这个小团体，因为我认为自己应该把全部精力放在学习上面，这样才能够尽快地完成学业。即使是在假期里，我也仍在抓紧时间复习我的数学。

我的努力没有白费，天道酬勤，我在知识方面的各种差距逐渐缩小，并且我能够和同学们一起通过考试。1893年，我以优异的成绩完成了物理学的结业考试；1894年，数学结业考试时，我的成绩位于乙等，我对这些成绩非常满意。

后来我的姐夫谈到我那几年的艰难学习情况时，他戏谑地说那是“我妻妹的一生当中英勇顽强的时期”。我自身也始终将这段时期的艰苦奋斗看作是我一生之中最值得回忆的美好时期。这期间因我孤身奋斗，废寝忘食地埋头钻研，终于能够进行科学研究了，这是我长久以来所期盼的。

1894年我与皮埃尔·居里第一次相遇。有一次，我的同胞、弗利堡大学的一位教授打电话邀请我到他家去玩，同时受到邀请的还有一位巴黎的年轻的物理学家，他对这位物理学家非常熟悉，也十分赞赏。当我走进这位教授家的客厅时，我看见了这个年轻人。他正好站在一扇朝向阳台的法式窗户的凹进去的地方，宛如镶嵌在玻璃窗上的一幅画一样。他身材修长，头发是赤褐色的，一双大眼睛清澈明亮。他的神态飘逸，表情深沉而又温柔。第一眼看到他时，你会认为他是一个沉浸在自己的思绪之中的梦幻者。他表现出一种质朴而又真诚的态度，仿佛对我很有好感。并且在第一次见面之后，他还希望以后能够再见到我，继续对科学和社会等问题进行讨论。对于这些问题，我俩看法相似，很有共同语言。

随后，他来我所在的学生公寓拜访我，我们逐渐成了好朋友。他和我谈到他每天的工作情况、他所做的研究和他献身科学的梦想与决心。没过多久，他便向我吐露心声，希望能够和我共同生活，共同追求科学的梦想。但开始时，我还不能立刻下定决心，我犹豫着，因为这样的话，我就不得不永远离开自己的祖国与家人。

假期到了，我回到波兰，走的时候并没有重返巴黎的计划。但是，那年秋天，因为要为我的博士论文做准备，我回到巴黎，进入巴黎大学的一个物理实验室，着手进行实验研究。

我又见到了皮埃尔·居里，而且因为科研的缘故，我与他的接触日益增多，关系也更加密切。等到我们彼此都认为除了对方，我们不会找到更合适的生活伴侣的时候，我们便决定结婚了，并于1895年7月举行了婚礼。

那时皮埃尔·居里刚刚荣获博士学位，并受聘在巴黎物理和化学学校任教。那一年，他36岁，已经是国内外颇具名气的物理学家了。他全心全意地投入科学研究当中，而很少留意自己的职位、待遇等问题，所以他的经济状况非常一般。结婚前，他与年迈的父母在一起生活，住在巴黎郊区的苏城。他特别孝顺，我记得他第一次跟我提到他的父母的时候，用了“慈父慈母”一词。事实上，他并没有夸大其词。他的父亲是一位很有资历的物理学家，为人慷慨大度，性格刚强；他的母亲是一位典型的贤妻良母，一生相夫教子，从无怨言。他的哥哥为蒙彼利埃大学的教授，兄弟二人情深意笃，皮埃尔对他的哥哥十分敬重。进入这样的一个家庭，我感到十分荣幸，而且我确实也受到这家人的热烈欢迎。

我们的婚礼十分简单，并没有专门购置结婚礼服，来参加婚礼的也只有为数不多的亲朋好友。令我感到高兴的是，我的父亲和二姐也从波兰赶来了。

我希望有一个安静的地方用来居住和工作，除此之外我和皮埃尔并无其他什么奢望。我们非常高兴地找到了一

套三居室的小房子，从窗口看出去，就能看到一座美丽的花园。老人们给我们购置了一些家具。我们还用一个亲戚给我们的喜钱买了两辆自行车，用来出去远游。

婚后生活

婚后的生活对我而言是全新的，与前几年那单寒羁旅的学习生涯有着天壤之别。我同丈夫情意相投，相同的志趣爱好和共同的工作将我们密切地联系在一起，几乎形影不离，因此我只收藏着皮埃尔写给我的为数不多的几封信。我的丈夫在教学之余，几乎所有时间全都在他教学的学校实验室里做实验，我也获准同他一起在实验室里工作。我们就住在学校附近，所以来去不用花多少时间。因为收入微薄，我不得不花许多时间来料理家务，特别是得自己动手做饭。这就与我们的学习和研究产生了冲突，要处理好这一矛盾并非易事。幸亏我还算坚强，勉强地能够把这种矛盾处理好。令我尤为高兴的是，我们小家庭的生活并没有被这些家务事所搅乱，我们仍旧能够过上温馨平静的日子。

除在实验室工作外，我还必须学习一些课程，因为我决定参加师资合格证书考试，这样日后便可以在女子中学任教，也可以被授予教授的头衔了。经过几个月的努力，1896年8月，我凭借第一名的优异成绩很顺利地通过了考试。

在实验室工作之余，我们一般都会外出散步或者骑自行车去郊游。皮埃尔十分喜欢户外活动，对森林里的动植物有着很大的兴趣。他的足迹遍布了巴黎附近的所有森林。我素来也喜爱农村，所以经常同皮埃尔饶有兴致地骑车郊游。这种郊游于我于他都有很大的好处，可以使我们的大脑在紧张的科研之后得到充分的放松，令紧张的心情得以放松。郊游回来的时候，我们还经常会带几束香气扑鼻的花草回家。有时候，因为玩得太高兴，我们竟然会忘了时间，直到深夜才想起回家。除此之外，我们还会定期地去看望皮埃尔的父母，他们给我们留有专用的房间。假期的时候，我们可以骑着自行车，跑到更远的地方去。我们的足迹遍布奥弗涅、塞樊纳山区和海边的许多地方。我俩都很喜欢全天的长距离远游，在每天晚上再找一个新的地方休息。如果在同一个地方停留得太久，皮埃尔就老会想着回实验室去干活儿。有一个假期，我们一块儿去喀尔巴阡山区看望了我的家人，而且，因为这次远行，皮埃尔还学会了说几句波兰话。

但在我们的生活中，最重要的日常事务还是科学研究。皮埃尔对他所教授的课程特别认真，备课也很仔细。有时我也帮助他收集一些资料。在这一过程中，我也会有所收获。不过，我们还是将大部分时间用于在实验室里进行科学研究。

那时皮埃尔还没有自己的实验室，虽然学校的实验室基本上能够使用，但却满足不了他的研究需要。考虑到这点，他就将学校大楼中一些没有什么用的角落辟作“实验角”。那些地方虽然狭小，但却能够想用就用，不受约束。这件事使我悟出了一个道理：人可以在条件不甚满意的情况下，想办法改善条件，从而心情愉快地工作。那一时期，皮埃尔忙于晶体研究，我则在研究钢的磁性。1897 年，我结束了这一研究，并于当年发表了研究报告。

那一年，我们的第一个孩子——女儿艾莱娜出生了，孩子的到来使我们的生活发生了很大变化。几个星期后，皮埃尔的母亲去世了。于是我们便在巴黎郊区租了一个附带花园的小房子，把他父亲接过来与我们同住。皮埃尔生前，我们一直住在那里。

随着女儿的出生，一个严重的问题出现了：怎样才能做到在哺育照料女儿的同时，又不辍于科学研究呢？放弃科学研究，对我来说，无疑是一种巨大的痛苦，皮埃尔同样认为我不应该放弃研究，并且他从来就没有这么想过。因为他经常在说，上帝特意为他造就了我这样一个好妻子，就是为了让我与他分享一切的。我们两个都没有考虑过要放弃我们如此珍爱的科研工作。

因此我们需要雇一个女佣，但我仍然坚持亲自照料女儿。当我去实验室干活儿时，就把女儿交给她的爷爷照看。爷爷十分疼爱自己的孙女，他的生活也因为小孙女的出生而增添了无尽的乐趣。家人之间相互的关怀、体谅，使我能够既安心地从事研究，又没有耽误对女儿的照料。只有遇到特殊情况时，比如女儿生病什么的，我才因需要整宿整宿地照看她而打乱生活规律。

由于我们忙于事业，又不愿意受不相干事情的打扰，所以我们联系的朋友不多。偶尔有一两位像我们一样的科学工作者来访，我们通常在屋子或花园里交谈，在这同时我还经常为女儿做些针线活什么的。在亲戚方面，仅有皮埃尔的哥哥以及他的家人同我们一直来往密切，在我的姐姐、姐夫回到波兰之后，我同娘家的亲戚就很少来往了，因为离得太远。

正因这种平静、完全符合我们心意的生活，使我们得以完成一生中的伟大事业。自 1897 年开始，这种科学研究事业就从未中断过。

我决定开始为我的博士论文准备论题了。当时，亨利·贝克莱尔正进行着稀有金属铀盐的实验。这种非常有意思的实验，吸引了我的注意。当贝克莱尔将铀盐用不透光的黑纸密封好放在照相底片上时，发现底片会被感光，好像受到过日光照射似的。贝克莱尔认为，底片被感光，是因为铀盐能够放射出一种与日光不同的射线，它可以穿透不透光的黑纸。此外，通过实验，贝克莱尔还证明这种射线可以使得验电器放电。刚开始的时候，贝克莱尔错以为铀盐在日光下的暴晒是铀盐射线得以产生的原因，但他后来发现在黑暗中存放几个月之后，铀盐仍旧能放出这种射线。

皮埃尔同我都对这种新发现的射线产生了浓厚的兴趣，我更是下定决心去研究它的性质。要想研究这种新射线，首先就得对它做出精确的定量测量。于是我便利用验电器放电的特性开始测量，不过我没有像贝克莱尔那样使用普通的验电器，而是换用了一种能做定量测量的设备。我当初用来进行测量的这些设备的模型，现在已经被陈列在美国费城医学院了。

没过多长时间，我得到了一个有趣的结果。实验结果表明，这种射线的放射其实是铀元素原子特性的一种，而与铀盐的物理或者化学性质无关。任何铀盐，如果它所含铀元素越多，放出的射线也就越强。

于是我想进一步地弄清楚，是否还存在其他元素也像铀盐一样放射出相同的射线。不久我便发现，钍元素也具有相同的特性。正当我准备对铀与钍的放射性做进一步的研究时，又发现了一个有意思的情况。

我有过用放射性方法对一定数量的矿石进行检验的经历。如果这些矿石能够产生同样的射线的话，那就能够确定它们含有铀或钍。假如这些矿石的放射强度和矿石所含的铀或者钍的成分成正比的话，那也就没什么好惊诧的了。但事实上并非如此，有些矿石的放射性强度为铀的三四倍。对这一新发现我进行了仔细的查核，最后确定这是毋庸置疑的事实。我认真分析了这一现象，得出了唯一的一种解释：这种矿石中含有一种还不为人知的元素，其放射性远远胜过铀和钍。皮埃尔也认同我的分析，于是我便希望可以尽快发现这一神秘的元素。我坚信，只要我和皮埃尔共同努力，就一定能够获得成功。然而，随着研究的深入，我们却走上了一条通往新科学的道路，这是我们始料未及的，而且，从此我们就再也没离开过这条新的科学之路。

最初的时候，我对这种矿石中含有新元素的数量并无多大预期，这是因为它早已被人多次研究分析过了。我开始的估计是，这种矿石中的新元素的含量不会超过百分之一。随着研究的不断深入，我们发现其真实的含量远远小于百分之一，所以这种新元素的放射性非常强。假如从开始我们就知道这种元素的含量微乎其微的话，真不知道自己还能否有决心、有勇气继续下去，因为我们的设备很差且又经费不足。现在回想起来，总是觉得幸亏自己不知道难度会这么大，决心才会很大，虽然真正干起来之后困难重重，但不断收获的研究成果，使我的劲头儿大增，也就不去想那些困难了。经过数年的勤奋努力之后，我们终于将这种新元素分离了出来，它就是今天众人皆知的镭。现在我将我们的研究情况和发现它的情况做一下简略的介绍。

在最初的研究中，我们发现这种未知元素的任何化学性质都是我们不了解的，仅仅知道它的放射性非常强，于是我们就牢牢抓住这条唯一的线索进行研究。首先就是想办法将铀沥青矿从圣约阿希姆斯塔尔运过来，并对它进行分析研究。除了利用常见的化学分析方法之外，我们还运用我们发明出来的精密仪器，精确地测量这一元素不同部位的放射性。这种方法后来成为一种全新的化学分析法的基础，并且在我们之后，这一分析法逐渐被改进和完善，被许多人采用，他们也因此发现了另外几种放射性元素。

研究仅仅进行了几个星期，我们越来越相信我们的预测是正确的，因为那个未知新元素的放射性在按照一定的

规律增强。几个月以后，我们便将一种同铋相混合的元素从铀沥青中分离出来，其放射性远远超过铀元素，这种新元素带有明确的化学性质。1898 年 7 月，我们便对外公布了这种新元素的存在，并为它命名为钋，以此来怀念我的祖国波兰。①

在发现钋的同时我们又发现钡盐（从铀沥青矿里分离出的）中含有另外一种未知的元素。经过几个月的紧张工作，我们终于将第二种新元素分离出来了，但我们是后来才知道它比钋更重要。1898 年 12 月，我们公布了这一发现，并将这种新元素命名为镭。

尽管我们已经发现了这两种新元素，但实际上还有许多工作需要去做，因为我们只是凭借放射性的特性从铋盐与钡盐中发现了微乎其微的新元素，现在还需要以纯元素的形式将它们分离出来。我们很快便投入到了这项工作中去。

只是这个工作也并不容易，除了我们的设备太差，而且还需要大量的原矿进行提取。我们既没有钱来购买原矿，也没有实验室去做提取实验，更没有助手相帮。我们要白手起家，一切从头干起。如果像我的姐夫所说的那样，我在巴黎的早期学习时期是我一生中英勇顽强的时期的话，

① 钋原写作 Polonium，同波兰（Pologne）一词相近似。

我则敢不夸张地说，我与皮埃尔共同从事这项研究的时期就是我们共同生活中的最伟大、最英勇的时期。

以前做过的实验令我们相信，在圣约阿希姆斯塔尔的炼铀厂冶炼出的铀沥青矿废渣里，一定含有镭元素。该工厂属于奥地利管辖，我们想办法获准能够无偿地得到这些废渣。废渣本身并不值钱，但是如何把它们弄到巴黎却让人大伤脑筋。几经周折，我们成功地将这些混有松针的褐色废渣装进袋子里，运到我们的实验室门口，那一刻，我高兴得跳了起来。后来，当得知这废渣的放射性竟然比原矿还要强的时候，我们真的是惊诧不已。这些废渣没有经过任何处理，直接堆放在工厂外面的松树林里，这真是帮了我们大忙了。后来，应维也纳科学院的要求，奥地利政府又允许我们以极低的价格收购了好几吨这种废渣。我们就是利用这种废渣从实验室里分离出镭的。直到后来，美国妇女赠送给我的镭才是从其他矿石中提炼出来的。

皮埃尔任职的学校并未为我们提供合适的实验场所，但幸运的是校长同意我们使用以前用来上解剖学课程的一处废弃的木棚。在它的顶上有一个挺大的玻璃天窗，但却有多处裂痕，每当下雨就会漏水。这个棚里面夏天闷热潮湿，而冬天阴冷难耐。虽然可以生炉子取暖，但也仅是火炉旁有那么点热气而已。除此之外，我们还得自己掏钱购

置所有必需的仪器装置。木棚里只有一张破旧的松木桌与几个炉台、汽灯。当做化学实验时，经常会产生一种刺激性很强的有毒气体，因此我们只好把这种实验移到院子里去做，即使这样，棚内仍旧有毒气弥漫。在如此恶劣的条件之下，我们依旧专注地做着实验。

尽管如此，我们在这个非常简陋的木棚里度过的时光，是我们一生当中最美好、最快乐的。为了不中断一些重要的实验，我经常就在木棚里随便做点吃的当作我们的午餐。有的时候，我得一整天拿着一根与我身体差不多重的大铁棒去搅动沸腾着的沥青铀矿。等到傍晚时分，工作结束的时候，我就会像散了架似的，连话都不想说了。还有的时候，我又要进行极其精密的结晶、分离工作，这时我又会因为室内四处飘浮着的灰尘，影响到浓缩镭的程序，使我没有办法保护好分离出的“宝贝”而苦恼。唯一令我觉得满意的是，没有人会来打扰，我们可以安静地进行我们的实验。在实验进行得很顺利，有可能获得令人满意的结果时，我们就会欢欣鼓舞，激动之情简直无以言表。但有的时候，我们干了很久却仍然见不到成效，这时沮丧失望的心情也会困扰我们。不过，这种情况不会持续太久，不多时我们就会又去考虑新的设想和工作了。工作之余，我俩便会一边在木棚中踱来踱去，一边对我们的实验进行冷静的讨论，这个时候，我们的快乐也是难以言表的。

另一件令我们感到快乐的事情是夜晚时到木棚里去，这时我们就能看到那被我们提炼、分离出来的宝贝，正在玻璃瓶或者玻璃管里向四周散发出淡淡的光芒，真是美丽极了，令我们感到既新奇又激动，那闪烁着光彩的宝贝，宛如神话中的神灯。

除了短暂的假期以外，整整几个月里我们从没有中断过实验研究。研究结果越来越明显地表明，我们正一步一步地走向成功，所以，我们的信心也就越来越坚定了。这时，我们的研究工作也逐渐受到了人们的关注，得益于此我们不但可以购买到更多的废渣，还可以在工厂里完成初步的提炼，这就极大地方便了我们，令我们有更多的时间去进行精确的分离工作。

在这个阶段我专门提炼纯净的镭，而皮埃尔则专心研究新元素散发出的射线的物理性质。当我们处理完一吨铀沥青矿渣之后，得出了一个确定的结论：在一吨含镭最丰富的原矿中，镭的含量也不足几分克。

在 1902 年我们提炼出了一分克特别纯净的氯化镭，这些氯化镭显示出了元素所应具有的性质，并且具有不同于其他元素的特别光谱。我们还确定了它的原子量，其值远远大于钡。就这样，我们得到了确定镭为一种独立元素的

全部必要证据。这一工作耗时四年，但是如果资金充足、设备齐全的话，也许只需一年我们就能够完成了。我们呕心沥血求得的结果，为放射性这门新的学科奠定了基础。

几年后，我准备了几分克绝对纯净的镭盐，从而更加精确地测定出了它的原子量，甚至还提炼出了纯粹的金属镭元素。不过，确定镭的存在及其性质的年份仍旧是 1902 年。

这几年里我们夫妇两人倾注全部心血进行研究，与此同时，我们的社会地位也发生了变化。在 1900 年，日内瓦大学要聘任皮埃尔为教授，而就在此时，巴黎大学给了他一个副教授的职位，而我也出任一所位于塞弗尔的女子高等师范学校的教授。所以我们没有去日内瓦，而是留在了巴黎。

在这所女子高等师范学校里，我工作得非常开心，我尽量让学生们到实验室去实际操作，从而提高她们的动手能力。这所学校里全部是 20 岁左右的女生，都是通过严格的考试才被录取的，在入学之后，她们仍需努力地学习才能通过考试，才能成为中学的老师。这个学校里的每个学生都勤奋好学，作为老师，我自然也愿意尽自己的全力去教好她们的物理。

但是，从镭的发现被公布之日起，我们的知名度便日益增长，甚至实验室原有的宁静被打破了，我们的研究工作逐渐受到了干扰。1903 年，我完成了我的博士论文，并且获得了博士学位。在这一年的年末，贝克莱尔、皮埃尔和我因为发现了放射性与放射性元素而共同获得了诺贝尔物理学奖。在那之后，我们的成就被报纸杂志大加宣扬，令我们在很长一段时间内都没法安心工作，因为每天登门造访的人都不断，有的请我们去演讲，有的向我们约稿子。

获得诺贝尔奖是很高的荣誉，而且，这笔奖金数额要比其他奖金大很多，这对我们以后的研究工作是大有裨益的。可惜的是，此刻我们已是精疲力竭，两个人中经常有一个体力不支，所以当年我们都没能前往斯德哥尔摩领奖和发表演说。直到 1905 年，我们才到了那里，由皮埃尔发表了获诺贝尔奖的获奖感言。在那里，我们受到了瑞典人民的热情接待。

因为从前极其恶劣的工作条件导致我们身体欠佳，而今，获奖后报纸杂志的大加宣扬导致探访者不断，更使我们疲于应对。我们所喜欢的平静、有规律的生活被彻底破坏了，这给我们的工作和生活带来了很大的影响。我前面已经说过，必须在不受外界任何干扰的情况下，我们才能继续正常的家庭生活与科学研究工作。前来拜访的人虽说用心很好，但却不知道这样做会给我们带来什么样的后果。

1904 年，我们的二女儿艾娃·德尼斯出生了，我不得不暂时停止实验研究。就在这一年，因为荣获诺贝尔奖，再加上社会方面的赞扬，巴黎大学聘任皮埃尔担任他们新开设的一个讲座的教授，并且还为他创办了一个实验室，任命我为实验室主任。实际上这个实验室并不是新建的，只是把原先空置的房间收拾出来让我们使用而已。

1906 年，正当我们准备告别那已使用多年、曾带给我们无限欢乐的木棚时，一场可怕的灾难降临了。这场灾难夺走了我的皮埃尔，只留下我一个人抚养孩子并继续我俩的事业。

这场巨大的灾难使我失去了人生旅途上最亲密的伴侣与最要好的朋友，我简直难以用言语来表述它给我带来的严重影响。这沉重的打击使我的精神处于崩溃边缘，感觉自己根本无法面对未来，但是，皮埃尔的那句话却始终萦绕在我心中，令我不能忘怀：“即使我不在了，你也必须坚持工作下去。”

我的丈夫皮埃尔去世的时候，正是他的名字与成就被公众所认知的时期，所以在社会上，尤其是在科学界，大家都很惋惜，普遍认为他的去世是国家的巨大损失。因此，巴黎科学教育界决定由我继任皮埃尔任职一年半的讲座教授的职务。这可以说是破例的决定，因为在过去，这个职务从没有一个妇女担任过。巴黎大学的这一决定，确实让我感到无上的荣耀，使我受到激励，得以继续进行原来的研究，否则的话，我可能就不得不放弃了。我本来并没有期盼获得这项殊荣，因为除了一心想为科学事业奋斗终生之外，我没有任何的野心与奢望。这种情况下，授予我这一职务，更使我悲从中来。我担心自己不能承担起这一重任。几经考虑，我决定试一试看。于是，从1906年秋天开始，我以副教授的身份开始在巴黎大学授课。两年后，我被聘为教授。

自打皮埃尔离开，我感到生活上的困难大大增加了，那些以前由我和皮埃尔共同分担的事情，现在只能由我独自承担了。我不得不亲自抚养两个孩子。皮埃尔的父亲仍然和我们共同居住，并且主动提出和我共同承担家庭的重任。他非常高兴能够帮着照料两个孙女。失去儿子之后，两个孙女成了他唯一的慰藉与欢乐。在他和我的共同努力下，孩子们才得以享受到家庭的幸福。我们决不将心中的隐痛在孩子们面前流露出来，因为她们年岁太小，不该让她们过早地品尝人生的痛苦。皮埃尔的父亲喜欢乡村生活，所以我们就在苏城租了一座带花园的屋子，它到巴黎城里只要半个小时。

在乡间生活的确有很多好处，我的公公从那个花园中获得了无限的快乐，两个女儿也能够经常去空旷的田野间玩耍。因为我白天要上班，经常无法照顾女儿，所以只好请了一个保姆。第一个保姆是我的一个表亲，后来又换成了一个很厚道的女子，她曾带大过我一个姐姐的女儿。两位保姆都是波兰人，因此我的两个女儿都会讲波兰话。我的波兰亲属们也不时地来看望我、安慰我。我们一般都是在假期设法在法国海滨相聚，有一次还在波兰山区待了一段日子。

我亲爱的公公在久病之后于1910年去世了，这使我伤心难过了好长时间。在他卧床不起期间，我尽可能地抽出时间在病床边陪护他，听他讲述往事。对于爷爷的去世，我的大女儿感到尤为悲痛，当时她已经12岁了，已经懂得爷爷的关爱是多么的重要了，她没有办法忘记往日祖孙俩相处的幸福时光。

当时我的小女儿年岁尚小，需要的是对身心健康有利的生活环境，需要的是户外游戏、散步、初步的小学教育，等等。活泼、聪颖的个性已经在她的性格中显现，她对音乐更是非比寻常地喜爱。她的姐姐有点像她父亲，不太活泼，反应也比较迟钝，但是理解问题和推论的能力却很强，似乎适合搞科学研究。她在巴黎的一所私人学校上过学，但我却并不想让她进中学念书，因为我总觉得中学的课程太多，课时太长，不利于青少年的成长发育。

我认为孩子的教育应该顺应其身心健康发育、成长的需要。除此之外，还应当尽可能多地让孩子们学习文艺知识。但是，现在大多数的学校，都将过多的时间花费在了读写练习上，并且还有大量的家庭作业，令学生喘不过气来。而且，这类学校所设置的大部分理科课程都和实践相脱节。

我大学的伙伴中有不少人和我持同样的观点，所以我们便成立了一个互助合作小组，共同对我们的子女进行一种新式的教育。我们每人各自负责一门指定的课程。即便大家工作都很忙，并且孩子们的年龄大小不一，但是我们的热情丝毫不减，对这项教育改革实验保持着很浓的兴趣。通过不多的课时，我们将理科课程和文科课程有机地结合起来，取得了很好的效果；并且所有理科课程都配有实验，孩子们对此充满了兴趣。

通过两年的教学，孩子们大多数有所收获，其中包括我的艾莱娜。通过一段时间的学习后，她竟然能够插入巴黎一所中学的高年级班，并且没有遇到太大困难便通过了各门功课的考试，在比一般学生小的年纪便进入了巴黎大学，学习理科专业。小女儿艾娃没有接受我们这种新模式的教育，但是后来也进了一所学院。一开始，她只是选修部分课程，后来才学习全部课程，她是一个好学生，各方

面的表现都不错。

对于两个孩子的体育锻炼我也很重视，除了平常要户外散步，我认为体操和运动也很重要。在法国，女孩子这些方面的教育往往被忽视。我要求两个女儿每天都要做柔软体操，还经常带她们去山里或者海边度假。她们两个游泳和划船的技术都是一流的，对远足或者骑车远游更是无所畏惧。

当然，对女儿的教育仅为我职责的一个部分，我仍将大部分的时间用于科学研究。有些人，尤其是女性朋友，经常会问我是如何将这两者处理得有条不紊。是的，这并不是容易做到的事，它需要有坚忍不拔的精神，而且还要做出一定的牺牲。我和两个已经长大成人的女儿一直感情很好，相处愉快。在我们的家里，相互体谅和彼此尊重使我们的生活充满了阳光，我们母女之间从来没有说过一句伤人的话，也没有做过一件自私自利的事。

1906 年我接替皮埃尔到巴黎大学任教时，在一间设备短缺而又狭小的临时实验室工作。皮埃尔在世时，一些科学家和学生已经在那里同他一起工作了，我接任后，在他们的鼎力相助下，得以继续进行研究，并且获得了满意的成果。

1907 年，安德鲁·卡耐基先生赠给我的实验室一笔奖学金，这使一些成绩卓著的科学家和学生能够全身心致力于研究。这种帮助很有价值，使那些有志于科学研究且具备研究能力的研究者能够实现自己的心愿，不至于中断研究。为了科研事业，社会上的有识之士应该尽可能多地设置这种奖学金。

当时，我的奋斗目标是尽自己所能提炼出几分克极其纯净的氯化镭。1907 年，我完成了对镭元素的新的原子量的测量，到 1910 年，我最终提炼出了纯净的金属镭。这一提炼和测定的过程很精密，需要特别细心。我是在一位著名的化学家的鼎力相助之下，才获得成功的。在那之后，我没有再次重复这一实验，因为这一实验过程有使镭元素丧失的可能，除非极其小心、极其谨慎地操作。这次成功终于使我见到了神奇而又美妙的白色金属镭。但是因为许多实验在等着使用它，所以我不能将它一直在这种美妙的观赏状态下保存。

因为在原矿中钋元素比镭的含量还要少，我一直未能将钋元素提炼、分离出来。不过，在我的实验室里存有一些钋含量很丰富的物质，我们能够用它来做各种重要的实验。在这之中，尤以钋放射时所产生的氦气对实验最为重要。

我对实验室里的测量方法专门费了一番心思，做了不错的改造。我说过，精密的测量在镭的发现过程中起了极其重要的作用，并且，我希望有效的含量测定方法能够带来新的发现。

我想出了一个行之有效的方法——用镭产生的镭射气来测量镭的数量。通过多次在我的实验室里使用这一方法，我准确地测出了一毫克，即千分之一克左右的镭，这是极其微量的。那些数量较多的，我们就运用镭射线中穿透力较强的 γ 射线进行测量。这样的设备在我的实验室中就有。利用射线测量镭的数量的这种方法比用天平测量要更加快速、精确。但是，要想采用这种新的度量方法，必须先要有一个经过缜密考虑并且确定后的新标准。

只有镭的测量方法建立在可靠的基础之上，才能对实验与科学研究有所帮助。除了其内部的重要原因之外，还因为镭在现代医学中的应用日渐增长，控制商业生产镭的相对纯度成为必须解决的大事。

我在法国曾经做过实验，就镭对生物所造成的各种影响进行了初步研究，并且取得了很好的效果。实验中使用的样本就是由我的实验室提供的。那个时候，皮埃尔还没有离去，实验的结果使大家兴奋不已，并且因此，被法国人民称为“居里疗法”的镭疗法也作为一个崭新的医疗分支在法国首先诞生了，随后在其他国家也普遍地兴盛起来。由于对于镭的需求日渐增多，制镭工业也就相应地获得了发展。第一家工厂出现在法国，并且运营得很成功。随后，其他国家的制镭工厂也相继建立了起来，目前，最大的一家在美国，这是因为美国具有富含镭的钒钾铀矿，对镭进行提炼相对来说比较容易。随着制镭工业进一步发展，镭治疗技术也得到了相应的提高。这一治疗方法对于某些疾病来说具有特殊的疗效，特别是在癌症治疗方面。出于这个原因，在很多大的城市里，一些专门凭借这种方法治病的医院应运而生，有的医院里还存有数克的镭。镭的市场售价现在已经达到每克七万美元，这是因为镭在原矿中的含量微乎其微，导致提炼的成本很高。

我们当初并未预料到这一发现会对社会有如此大的用处，不仅是科学上的重大成就，而且能够治疗可怕的疾病，减轻人们的痛苦。读者们肯定能够体会到这时候我欣慰、激动的心情。这是对我同皮埃尔多年来辛苦拼搏的回报，这种回报是无可比拟的。

假如想使镭的治疗取得成功，在用量上就必须确保准确无误。所以，不管是在工业上、医药上还是科研上，镭的度量都是至关重要的。

针对这种情况，由各国科学家所组成的委员会的全体成员，集体制定了一个共同遵循的国际标准。这一标准的制定方法是，先使用极其精确的方法对若干极纯净的镭盐进行测定，把它作为基本标准，然后再将若干纯净的镭盐的放射性同基本标准进行对比，作为副标准，以便各国进行使用。该委员会指令我来负责制定这个基本标准。

这是一项极其精密严谨的工作，绝对不允许有半点马虎，因为氯化镭大约只有二十一毫克，重量极轻，所以称量时必须非常准确。1911 年，我将这个基本标准制作成功。这个基本标准是一个数厘米长的玻璃管，里面装有曾经测定过镭原子量的纯净镭盐，通过委员会的批准之后，它被存放在离巴黎不远的塞弗尔国际度量衡标准局。根据这个基本标准，委员会还制定了几个副标准，已经投入使用。在法国各地，全部存有镭的玻璃管，都是由我的实验室来完成鉴定的。鉴定的方法就是对它们的辐射强度进行测量。无论任何人，都可以带上自己的镭到我们这里测量、鉴定。在美国，这种事是标准局负责的。

1910 年我得到了法国荣誉骑士勋章提名，以前皮埃尔也得到过同样的提名，但是他反对接受一切荣誉，就没有接受。我的行为准则和皮埃尔的全部一致，因此就这件事而言我也不想使皮埃尔的意愿受到违背，虽然内政部多次对我进行劝告，但我仍然拒不接受这一授勋。与此同时，很多同事劝说我就成为巴黎科学院院士进行申请，皮埃尔在去世前的几个月被选为院士，所以我对要不要申请成为院士颇为犹豫，难做决定。按照科学院的规定，如果想要申请成为院士，就必须要挨个地拜访巴黎的所有院士，这令我感到很不情愿；但如果能够被选为院士，我的实验室就能够从中获益。这么一想，我就下定决心参加院士的竞选。社会公众对我的竞选给予了热切关注，就科学院是否应该对女院士进行接纳这一议题，大家展开了激烈的辩论，一些老院士坚决反对接纳女性。到最后，投票结果显示，我以数票之差落选。在这之后，我就再也不去申请了，因为挨个地求人帮忙是最令我厌恶和头疼的。我想，这种选举应该以申请人的业绩为标准进行衡量，而不应该自己奔走，私下交易。例如一些协会和学会，在我自己并没有提出任何申请的情况下，就主动将我吸纳为会员了。

1911 年年底，因种种费心劳神的事情汇集到一起，我心力交瘁，终于病倒了，而且得了重病。但就是这个时候，诺贝尔奖再一次降临到了我的头上，并且是单独授予我一个人的。对于我而言，这确实是一个极大的殊荣，特别是对我发现和提炼出镭的极大褒奖。当时，我虽然病着，但仍旧决定亲自到斯德哥尔摩去领奖。我的大姐和大女儿艾莱娜陪同我前往。颁奖仪式十分隆重，同接待国家元首的气派不相上下，令我激动不已。在斯德哥尔摩我受到了热烈的欢迎，特别是瑞典妇女界，她们的热情更是令人感动。由于大病未愈，加上来去的旅途劳顿，待回到法国的时候，我竟一连卧床数月。因为病情严重，并且考虑到两个女儿的教育问题，我们不得不从苏城搬到巴黎市内定居了。

1912年，我与几个同伴合作，在华沙建立了一个镭实验室。这个实验室隶属于华沙科学院，我被聘为主任，参与对其指导。当时，我身体状况不好，没有离开法国返回波兰，但我非常愿意竭尽自己所能对该实验室的研究工作进行指导。到了1913年，当我的身体状况略有好转之后，我便立即返回波兰参加这个实验室成立的纪念典礼。祖国人民对我的热烈欢迎使我激动不已。我深刻地体会到，波兰人民在那么艰难的政治条件下还能以如此高昂的爱国主义热情，开创有利于祖国建设的事业，真的是很了不起。祖国人民的这种伟大精神令我永远难忘。

当我的的身体开始有所好转，我就忍不住四处奔走，努力想在巴黎筹建一个更加合适的实验室了。通过我的一系列努力，最后终于见到了成果，我理想中的实验室在1912年破土动工了。巴斯德研究院愿意同新创建的实验室进行合作，经巴黎大学同意，新成立了一个镭研所，其中包括两个实验室：一个物理实验室，专门对放射性元素的物理和化学特性进行研究；另一个生物实验室，专门对放射性在生物与医学上的应用进行研究。但是，由于经费不足，工程进行得很慢，1914 年，世界大战爆发时，实验室还没有竣工。

在战争中

1914年暑假期间，就像往年一样，两个女儿的家庭教师领着她们，先于我离开巴黎度假去了。我对这位家庭教师非常信赖，由她照顾我的女儿我十分放心。她们住到了布列塔尼的海滨度假屋，我的一些好朋友和他们的家属也住在那里。我则因为工作太忙，很少能不被打断地同她们度过整个假期。

我原计划是七月底前去海边与女儿们会合，但是很快就有紧急军事行动这样的坏消息不断传来，使我没能去成布列塔尼。在这种紧张的状态之下，我显然是不可能离开巴黎的，而是需要留下来静观事态发展。没过多久，总动员令颁布了。随后，8月1日，德国便对法国宣战了。除了我和一个有严重心脏病的技师之外，实验室其他的工作人员全部应征入伍了。

接下来发生的历史事件大家都记得，但在 1914 年的 8 月和 9 月，只有住在巴黎的人才能够真正体会到首都人民的心态以及他们所表现出的那种临危不惧的英雄气概。总动员令很快便传遍了整个法国，每一个法国人都勇敢地、急切地想要奔赴前线，去保卫自己的伟大祖国。这一时期，我们每天最急切盼望的就是从前线传来的消息。

开始几天传回来的消息模棱两可，使人弄不清状况，后来的消息则使人感到事态越来越严峻了。首先，小国比利时未能阻止住德国军队，虽然军民浴血奋战，但是比利时仍被德国入侵了。随后，德军进入到乌瓦兹峡谷，直逼巴黎。没过多久，便有传言说法国政府将要南迁到波尔多，许多巴黎市民也纷纷随政府南下，他们中的大多数是不愿也不敢去面对德军占领巴黎后所产生的危险的。富人们纷纷乘坐严重超载的火车逃出巴黎，到外省乡下避难。但是，总体而言，在这多灾多难的 1914 年，巴黎市民所表现出的那种冷静而又果断的精神还是给我留下了不可磨灭的印象。8 月底至 9 月初的这几天，大多都风和日丽，在留守巴黎城的人们眼中，蔚蓝天空映衬下的这个拥有无数建筑宝藏的伟大城市显得更加巍峨清晰了。

德军日渐逼近巴黎，情况非常紧迫，为了防止万一，我觉得必须把我实验室所储存的镭转移到安全的地方去。我接到政府的指令，要把这些镭护送到波尔多，但是因为不愿意留在那里，所以我决定送到之后，便立刻从波尔多返回巴黎。我所乘坐的是运载政府工作人员以及行李物品的专用列车。我仍记得，一路上从车窗向外望去，道路上的混乱情景，挤满成排的汽车运载着它们的主人逃离首都，到外地去避难。

抵达波尔多时已经是傍晚了，我把镭装在随身携带的箱子里，这箱子用铅皮密封着，因此重量是太沉了，我根本就提不动，只好在车站等候前来接我的人。后来，与我同车来波尔多的一个友好的政府工作人员帮我把箱子搬到一个私人家中，并请他们腾出一个房间让我度过这个夜晚，这个时候是根本住不上旅馆的，因为旅馆早已爆满。第二天早晨，我急忙将箱子藏到一个安全的地方，虽然经历了一系列的困难，但是最后还是成功地转乘军列在当天晚上返回了巴黎。在波尔多，我记得自己曾与那里的人进行交谈，他们也都很想从巴黎来的人口中打探些确切的消息。当他们知道我在这种时候还认为返回巴黎是很自然的事的时候，所流露出来的那种既惊讶又欣慰的表情，让我觉得十分有趣。

返回巴黎的路途并不顺利，列车经常不得不停下来，甚至有时在途中受阻长达几个小时。车上的军人都带着干粮，看到我们这些乘客饿得不行了，他们便分给我们些许面包，聊以充饥。当最终回到巴黎时，我听说德军改变了进攻方向，马恩河战役已经打响了。

在这次大战中，我和所有巴黎的居民一样，有时因为胜利在望而欢欣鼓舞，有时又因为感觉失败在即而忧愁沮丧。最令我担心的是，如若德国人占领了巴黎，我就将与自己的女儿长久分离。尽管忧心忡忡，但我仍旧决定忠于职守。当法军在马恩河战役中最终胜利时，巴黎被攻陷的危险也就不复存在。于是，我便让女儿们从布列塔尼回到巴黎，继续上学，这也是她们的愿望。许多巴黎居民认为，留在外省，离巴黎远些，比较安全，所以并不急着回到巴黎来，但是我的两个女儿却毅然回到了我的身边，因为她们不愿意长时间和我两地分隔，也不想中断学业。

国难当头，每个人都应竭尽全力为国家排忧解难。政府对大学教职员工没有做任何硬性规定，但大家却都积极主动地行动起来了，我也利用自己的科学知识，想方设法地向国家贡献自己的力量。

1914 年 8 月，战场的情况发生了急剧的变化，这变化也暴露出法国并没有对这场战争做好充分的准备。特别是在伤员救护方面，非常缺乏有效的组织和管理，因此引起

了舆论的极大不满。我对这一情况十分关注，并很快认识到自己很适合去做救护工作，于是便迅速地投入到了这项工作当中。从此以后直到战争结束，我将大部分时间与精力都投入到了其中。具体地说，我的工作内容就是为军队医院组建医疗队和组织 X 射线检查。除此之外，在那艰难的战争期间，我的研究工作也不得不做出改变。我将自己的实验室迁进了镭研所的新楼，在兼顾救护工作的同时，尽量抽时间继续给学生们讲课。同时，我也经常对相关的问题进行研究，特别是有关军事的。

众所周知，X 射线在内科和外科医生进行疾病或者伤口检查中具有重大作用。尤其是在战争期间，可以通过它来对弹片嵌入体内的确切部位进行检查和确定，从而便于医生开刀将弹片取出。而且，它还可以显示出骨骼以及体内器官损伤的情况，医生因此也就可以了解内伤恢复的程度了。战争期间，X 射线的应用挽救了无数伤员的性命，减轻了很多人的痛苦并使他们免于落下终身残疾，同时还缩短了他们的恢复时间。

战争刚开始的时候，军队中没有哪个医疗部门拥有 X 射线治疗设备，也没有这方面的技师，即使是地方医院，除了几所大医院外，几乎都没有这种设备，而且大医院中虽然有 X 射线设备，但是却没有技师。战争爆发后，法国各地纷纷建立了医院，但也都没有这种设备。

为了解决 X 射线设备短缺与技师缺乏的难题，我立即先将各实验室和贮藏室中所有的 X 射线设备调配到一起，然后在 1914 年八九月间建立了几个 X 射线医疗站，设备由被我培训过的志愿者进行操作。在马恩河战役中，这些医疗站发挥了很大的作用。但是，由于它们无法满足整个巴黎所有医院的需要，我便借助红十字会的协助，设计并且装备出了一辆流动 X 光透视车，它是由一辆普通的敞篷车改装而成的。具体是将一台设备齐全的 X 射线放射设备和一台发电机固定在车厢里，利用汽车上的发动机来使这台发电机发电，用以满足 X 光设备对电力的需要。这辆流动车可以到任何地方去，只要巴黎的任何一家医院，无论大小，它都能立即赶过去。特别是对于急诊的伤病员来说，这种流动医疗车的作用更加显著。医院经常会收进危急病例和重伤员，而他们又无法被转送到很远的医院，这时这种医疗车就更加有用武之地了。

从最初得到的结果来看，这种流动医疗车产生了巨大的作用，它的需求量非常大。感谢社会各界的特别捐赠以及一个全称为“全国伤病员救护会”的机构对我进行的帮助，他们的办事效率很高，我所提出的关于增加流动 X 光医疗车的重大计划很快便得以落实了。在法国同比利时之

间的战区以及法国的其他一些地区，我总共创建和改造了两百多个 X 射线医疗站，除此还改装了二十辆流动 X 光医疗车，以供军队的急用。这些流动车和整套的 X 光设备都是由各界人士慷慨捐赠的，所有这些捐赠对抢救伤员起到了很大的作用。这些捐赠的车辆、设备，在战争初始的前两年发挥了巨大的效用，这是因为当时军队中的救护组织很少配备 X 光设备。没过多久，卫生部发现这些捐赠的设备所起到的重要作用之后，便开始大规模地对这种设备进行生产。但由于军队的需求量很大，卫生部同我的这种合作仍然是不可或缺的，这种合作一直保持到战争结束后的几年。

假如我没有亲自到各医院和救护站考察，不了解他们的需求量、所求紧急的话，我也很难切实地将这项工作做好。感谢红十字会的协助和卫生部的批示，我得以前往法国各地和战区做考察，还对北部战区与比利时军队驻防区所属的救护站进行了考察。我先后到了亚眠、加来、敦克尔刻、弗尔内与波普林格，还去了凡尔登、南锡、贝尔福、吕纳维尔、贡比涅与维耶柯特莱。这些离战区很远的地方的救护站人手紧张，工作又十分繁重，因此我就经常在那里支援工作。我在他们非常困难的情况下所提供的帮助，令他们非常感动。因此他们还给我写过一些热情的感谢信，这些信我一直都珍藏着。

每当有救护站的医生请求我给予支援的时候，我便亲自驾着我自用的、配有 X 光设备的流动车前去支援。在替伤员们进行检查的同时，我还留意当地急需些什么物品，等我返回巴黎之后，便想方设法地为他们解决这些问题。战区救护站的工作人员大多数不会使用 X 光设备，我必须挑选一些适当的人为他们进行详细的讲解与培训。经过几天的训练，他们掌握了如何对设备进行操作，而伤员们也在对医务人员进行培训的同时做完了必要的检查。刚开始，了解 X 光设备益处所在的医生并不多。接受了我的培训之后，他们完全清楚了这种设备的作用，我同他们之间的关系也因此变得更加亲切友好。我再去那儿工作的时候，就方便多了。

有时大女儿艾莱娜也会陪着我一同驾车到外地救护站去，她那时已经 17 岁了，正在巴黎大学就读。她同样怀着一颗报国之心，积极地加入到战地服务中来。她学习了看护知识和技术，以及 X 光拍片技术等，在各种情况下都尽力地帮助我。她到过位于弗尔内与伊普尔之间的战区和亚眠等地参加救护工作。由于工作很出色，她受到过嘉奖，战后还因此获得过奖章。

我和艾莱娜对战争期间所做的救护工作永远难以忘怀。

开车前往各个救护站的路上，经常会遇到千奇百怪、意想不到的困难。我们经常无法确切地知道是否能够继续前行，更不知道将在何处投宿、吃饭。但是，因为我们的信心坚定，加上运气又好，一个接一个的困难全部迎刃而解了。不管到了哪里，事无巨细，我都亲自照料，并且还要去同军事首领进行交涉，以便被放行并获得运输许可。许多时候，我在助手的帮助下亲自将设备装上火车，这样就可以确定仪器设备能够被迅速地运送到目的地，而不是要在车站滞留很长一段时间。到了目的地后，我还要到存放那些设备的车站对它们进行检查。

当我驾驶着自己配备有放射设备的车四处奔走时，一些意料之外的问题出现了。比如，要给车子找一个安全的地方停放；为助手们解决吃住的问题；有时候还要替车子找各种零配件等。由于当时司机短缺，我便学会了驾车，并在必要的时候亲自开车。经过我的亲自监督，仪器设备得以迅速运送到目的地。如果这些事情交给卫生部门处理的话，就必然会耽误时间，所以军事长官们对我提供给他们的帮助赞不绝口，对于我处理紧急情况的能力更是钦佩不已。

每当我和女儿回忆起当时奔赴救护站时的情景，总有一种发自内心的愉悦劲儿涌上来。我们和各个医院以及救护站的医生护士们都相处得很好，他们都能够做到吃苦耐劳，不怕牺牲，这令我和女儿对他们钦佩不已，经常以他们为榜样，来鞭策自己去克服所有的困难。正是这种共同的目标与追求，才使得我们大家相处得宛如亲朋好友，彼此互相帮助，得以顺利地完成各种任务。

在我们为比利时救护队服务的时候，经常看到前来视察的比利时国王阿尔贝和王后伊丽莎白。国王与王后态度热忱，平易近人，对伤员也关切有加，这给我留下了非常深刻的印象。

但是，最令我们感动的是，伤员们在接受我们的治疗时那种强忍着痛苦也不哼一声的坚毅精神。每当我们同情而又钦佩地去为他们做透视、拍片子时，都尽量做到又轻又慢，以便使他们少受点痛苦。相处了一段时间后，彼此间比较熟悉了，我们便通过简单的交谈表达我们对他们的敬意。那些还没有做透视的伤员，也非常渴望了解这种他们将要用到的奇怪设备。

我们永远也无法忘记战争期间所目睹的那些摧残人类健康的悲惨场面，这令我对战争无比憎恨。无论我几年中所见到的那些恐怖场面中的哪一次都足以使人憎恶战争。当救护车到达前线时，那些被抬到车里的青壮年伤员无一不是血肉模糊，满身污泥，使人不忍直视。重伤员们奄奄一息，命若游丝。即便伤势并不致命者，也要忍受长年累月的痛苦之后才能慢慢恢复健康。

令我最为头疼的一个问题，就是如何能够找到一个训练有素的助手，协助我使用 X 光拍片设备。在战争刚刚开始的时候，X 光拍片技术还十分罕见，所以懂得这方面知识的人很少。而不熟悉这种仪器设备的人对其进行操作的话，仪器就极容易损坏，过不了多久就会成为一堆废弃物。但是战争时期，多数医院都没有规定操作这种仪器的人必须具有多少医学知识，只要他们识字且又灵巧一点，略微再懂点电机知识就都能上岗了。至于大学教师、工程师或者大学生，稍加训练便能够成为合格的 X 光机操作员。但是，战争期间，我只能聘请那些暂时免服兵役，或者恰好在我需要工作的地方长住的人，作为我的助手。可是，即便是找到了这样的人，也说不准哪一天又会被征入伍，奔赴前线，这样一来，我就又要重新寻找助手了。鉴于这么多的不便，后来我就另谋出路，培养一些女性来做我的助手。

我向卫生部建议，在当时刚刚成立时间不长的伊迪斯·卡维尔医院所附属的卫校增设一个 X 光照相科。我的提议获得了批准，由镭研所在 1916 年负责对这个科室进行组织，并开始培训。在整个战争期间，总共培训了 150 位女子。初入培训队时，她们一般都只受过初级教育，但是在正确方法的引导下，她们都能够做得很好。她们的学习课程除了基础理论与一般的实习以外，还有一些解剖知识。课程由包括我女儿在内的一些热心人来讲授。从培训队毕业的女子，后来都成为优秀的X光照相技师，其中很多人多次获得卫生部的赞赏。按所学习的课程来说，她们只能成为医护帮手，但是其中有一些人完全具备独立工作的能力。

我从战争期间从事X光照相的经历中积累了丰富的知识与经验，都是关于这门医疗检查的新技术的。我认为应该把这些知识拿出来与大家分享，所以便写了一本名为《放射学与战争》的书。我写这本书的目的是想阐述并证明X光照相技术在医疗实践中的重要价值，并且我把它在战争期间所获得的发展与和平时期的用途做了详尽的比较与说明。

现在我再来谈谈在战争期间镭治疗所发挥的作用和镭研所创办时的情况。

保存在波尔多的镭在1915年被运回了巴黎，当时我并没有多余的时间去做正式的科学研究，所以就将这些镭用于伤员治疗。当然了，我们也有一个原则，在用镭进行治疗的时候，必须保证不把这种宝贵的物质用光了。治疗中我们并不使用镭本身，而是使用它的射气。我们将镭射气收集到一定的量后，再把它交给救护单位去使用。镭射气

治疗多半是在一些比较大的医院进行，治疗方法也各不相同，比直接用镭元素进行治疗要方便实用。但在法国还没有国立的镭疗养院，各家医院也没有镭射气可供治疗使用。

我向卫生部提建议，由镭研所来提供用玻璃管装的镭射气，并按时交付各救护单位使用。建议被批准之后，镭射气服务于1916年开始施行，并一直持续到战争结束甚至更久一些。因为当时我没有助手，全部玻璃管装的镭射气都由我亲自制备，其过程精确而又细致。不计其数的伤员和百姓因为接受了这种先进的治疗而获得了康复。

从巴黎遭到空袭那时起，卫生部就非常重视保护制备镭射气的实验室，以防实验室遭到敌机的轰炸。进行镭射气的制备就必须要与镭打交道，这是具有一定程度危险性的，所以还要想方设法地对制取人进行保护，以防其遭到射线的侵害（我有几次感到身体不舒服，就是因为不注意受到了射线的照射）。

医疗救护是我在战争期间从事的主要工作，除此之外我还做了其他的一些事情。

1918年夏天，在德国的总攻失败之后，我接受意大利政府的邀请，前去考察他们放射性矿藏的拥有量。在意大利停留的那一个月里，我收获颇丰，引起了意大利政府对这一问题的密切关注。

1915年我的实验室迁入了皮埃尔·居里街的新建大楼，但经费和人手不足导致搬迁时困难重重。我驾驶着装备有X光照相设备的车子在新居与旧屋之间往返，像蚂蚁搬家那样将实验室的仪器搬到新址去。搬完之后，我还要将仪器设备分门别类，重新布置整理。这期间只有我的大女儿同技师帮我，但技师身体不好，老是生病。

搬到新的地方之后，我就在实验室四周有限的一点空地上种树，我觉得这样在春夏之际，我们就能够看到令人感觉舒服且又新鲜的树叶了。因此，我就开始试着做这件能够让在新的实验室里工作的人员感到心情舒畅的事情。我们将空地上能种树的地方全都种上了菩提树、枫树，还开辟出几个花圃，种了玫瑰。记得在德国人第一天炮轰巴黎的时候，我们从花市买来花种，回来后一整天都忙着在花圃里进行种植，就在此期间忽然有几发炮弹落在我们附近。

尽管其间困难不断，但新实验室总算一点点被安顿好了。战争结束，部队士兵开始复员的时候，我们的实验室也基本上准备完毕，在1919年—1920年开学时，我们已经可以让学生入学了，对此我尤感欣慰。1919年春天，我在实验室里专门为美国军人开了一个特别培训班，艾莱娜对培训班的学员进行辅导。这些军人也都积极认真地投入到学习中去。

战争期间，我和大多数人一样，过着一生当中最辛苦、劳累的日子。我从未休过假，只有在偶尔看望两个放假的女儿时才会休息那么一两天。我的大女儿艾莱娜几乎不愿意歇着。为了保证她的健康，我有时候不得不强迫她休息几天。那时候，她一面在巴黎大学学习，还一面像以往所说的那样帮我做各种各样的工作来服务国家。二女儿艾娃那时候还在读高中。当巴黎遭到狂轰滥炸的时候，她们两个都不愿意离开巴黎到乡下去躲避。

历时四年多的战争所造成的毁灭性破坏是空前绝后的，那更像是人类经历的一场浩劫。1918 年秋，经过各个方面为恢复和平而进行的努力之后，停战协定终于被签订了。然而，真正的和平到如今仍未完全到来。残酷而又恐怖的战争结束了，法国人民总算松了一口气，但战争所造成的种种严重破坏，并不是一下子就可以消除的。人们依旧生活在水深火热之中，以往宁静欢快的心情短时间难以恢复过来。

无论如何，以无数生命为代价换回来的胜利使我感到快慰。快慰的是我梦寐以求而又不敢奢望的大事竟然让我在有生之年得以亲眼所见，我的祖国波兰在经历了一个多世纪的奴役、压迫之后，终于获得了独立和自由。我的激动心情难以表述。波兰人民效忠于祖国的民族精神不变，始终坚持斗争，使波兰在整个欧洲经受了狂风暴雨般的洗礼之后，终于获得了独立和自由，这是波兰人民的胜利与骄傲。多年来波兰人民所追求的梦想最终实现了。在这欢庆的时刻，我再次回到阔别多年的华沙，同多年未见的亲朋好友见了面。华沙已经成了新成立的波兰共和国的首都，但是经历了这么长时间的压迫与奴役，重建一个共和国将遇到多少的困难啊！其他的姑且不说，单是各种政治力量的重新组合就可能会遇到很多难以预料的困难。

这时的法国到处都是废墟，到处都是残壁颓垣，人口也急剧减少。战争所遗留下来的困难一时间难以解决，只能慢慢地恢复，进入正常状态。包括我们的镭研所在内的各个实验室，全都难以在一时间恢复元气。

在战争期间建起的各种 X 射线医疗组织此时仍有一部分得以保留。由于卫生部的坚持，X 射线医学卫校也保留下来了。镭射气的供应非但没有中断，反而扩大了规模，不过这项工作已于战后交给巴斯德实验室的主任瑞戈博士负责了，后来，这一业务发展成为全国性的大规模镭治疗事业。

战后，职员和学生们陆续归位，我的实验室重新组合后，研究工作也逐渐走上正轨，但是由于国家财政困难，很难如希望中发展得那样好。就我而言，我认为最紧迫的事情是应该建立一个独立的镭疗（在法国被称为“居里疗法”）医院；还应该在巴黎郊区建立一个实验分所，这样便于对大量原矿石进行实验分析，从而增强我们人类对放射性元素的认识。

我已经不再年轻，精力亦大不如前。我时常暗自琢磨，尽管政府已经开始资助我的实验室，而且我们也常收到一些私人捐赠，但我不知道自己能否为后人建立起一座镭学研究院，既可以实现皮埃尔·居里的遗愿，又可以为人类造福。

所幸的是，在 1921 年我得到了一个非常宝贵的帮助。美国女性 W.B. 梅乐内夫人是一位慷慨的人，她在美国发动了全国性的妇女捐款，并成立了“玛丽·居里镭基金”，她们用这笔钱买了一克镭送给我作为科研之用。梅乐内夫人还邀请我与两个女儿前往美国旅行，请我亲自去接受这份礼物和证书，并且由美国总统在白宫亲自将礼物和证书交到我的手中。

募捐涉及整个美国，捐助数目由捐款者自己决定。我非常感谢美国妇女的这番深情厚谊。因此，5 月初，当巴黎歌剧院为我们母女三人举办完赴美欢送大会之后，我们就乘船远赴美国纽约。

我对在美国度过的那几个星期的情景印象颇深，至今还历历在目。在白宫举办的欢迎会上，哈定总统做了热情而又诚挚的演讲。后来在到各个大学和学院参观的时候，那里的师生热烈地欢迎我的到来，还有不少院校授予我名誉学位，这使我真不知道该如何感谢才好。公众集会上，许多人争相同我握手，向我表示祝贺，所有这些情谊我都铭记在心。

我还游览了尼亚加拉大瀑布与大峡谷，对大自然的鬼斧神工感到不可思议，不禁感叹它的伟大。

遗憾的是，因为身体状况欠佳，我并未完成全部的预定计划。不过，这趟旅行确实使我增长了见识，学到了许多东西。在这个宝贵的机会中，我的两个女儿不但好好地享受了一番这个意料之外的精彩假期，并且当看到自己母亲的研究受到如此的尊重和赞赏时，她们感到非常自豪。6月底，我们要启程返回欧洲了，在同好友梅乐内夫人以及其他友人告别时，因为大家都不知道今生今世还能否再次相见，所以真是难舍难分。

回到研究所之后，因为有了美国友人赠送的这一克镭，研究工作比从前顺利多了，而且两国人民间的友谊也增添了我们的勇气和信心，但是经济方面的问题仍然成为我们完成预期重大目标的困扰。每当因为经济拮据而无法进行研究的时候，我总是会考虑一个根本的问题：一个科学家对自己的科学发现究竟应该采取怎样的态度。

我们夫妇从不愿从自己的科学发现中谋取任何物质利益，所以，从一开始，我们就毫无保留地将镭的提取方法迅速公之于众。我们既没有申请专利，也没有向利用它来牟利的工业家提过任何权益方面的要求。提炼与制取镭的方法非常复杂，但我们做了详细的说明。可以这样认为，正是因为我们如此迅速并且详尽地将这种复杂而精细的提炼方法公之于众，镭工业才能够迅速地发展起来。到目前为止，制镭工业仍在运用我们当时所采用的方法和程序。现在提炼过程中所运用的矿石处理与部分结晶的程序，也都是从前我们在实验室里所采用过的方法，只不过现在的仪器设备比以前我们的那些有所改进。

皮埃尔与我将提炼、制取的镭全部赠送给了我们的实验室用于研究。因为在矿物中镭的含量非常少，所以它的价格十分昂贵，而且它又可以用来治疗一些疾病，因此镭工业获利不菲。我们放弃了从发现中所应获得的利益，也就相当于放弃了大量财富，如果不是这样，在我们去世后，儿孙们就会变成富翁。但是我们并没有考虑这些，倒是一些朋友的意见值得考虑。他们理直气壮地对我说，如果你们保留了应得的权益的话，早就有足够的财力去创建一座设备精良并且齐全的镭研所了，而不会像现在这样举步维艰。确实，这种困难经常使我们的研究无法顺利进行，但是，我仍旧坚信皮埃尔同我的行为与决定是完全正确的。

毫无疑问，人类需要注重自己实际利益的人，他们努力工作，为自身谋取利益，这是与人类的普遍利益并行不悖的。但是，人类毕竟也需要具有理想主义的人，他们追求大公无私的崇高境界，没有时间去顾及自身的物质利益。追求理想主义的人因为无意于追求物质享受，因此也就没有享受物质的可能。但是，我认为一个完善的社会应该向这些理想主义者提供必要的研究经费和个人生活保证，使他们没有任何牵挂地潜心于自己的科研事业。

美国之行

在上一章中，我已经介绍过我愉快的美国之旅了，这次旅行受邀于梅乐内夫人。梅乐内夫人是著名刊物《反光灯》的主编，她用募集到的义款为我买了一克镭。因此，我应她之邀去纽约接受这个珍贵的赠品。

这项捐赠的意义就在于它来自美国妇女界。此前她们先组成了一个募捐委员会，成员全部是美国妇女界的知名人士以及很有声望的科学家。开始先募集到了几笔不小的捐款，之后再号召广大妇女积极进行捐赠。她们的这个号召发出之后，很快便有许多美国的妇女团体响应，各个大学和俱乐部更是不愿落后。捐赠者中就有镭治疗的获益者。捐赠者十分踊跃，所以很快便募集到了“玛丽·居里镭基金”十多万美元，随后她们便用这笔钱购买了一克镭，并由美国总统哈定在白宫举行仪式，亲手将它交给了我。

这个委员会邀请我们母女三人在5月中旬一同前往美国。尽管还没有到放暑假的时候，但是巴黎大学破例准许我接受邀请，前往美国领取赠品。

旅途中的一切事务邀请者们均已精心安排好了，不需要我费一点心思。梅乐内夫人亲自前往法国迎接我，并陪我乘坐海轮渡海到美国去。法国刊物《我无所不知》为巴黎镭研所全体员工举行庆祝大会，梅乐内夫人也参加了。在会上，主办方对美国妇女界的深厚情谊表示了由衷的感谢和高度的赞扬。

委员会为我安排的行程与各种捐赠仪式太多了，以至于我应接不暇。除了出席白宫的捐赠仪式之外，我还要参加好几座城市的大专院校为我举行的欢迎仪式。仪式上我被授予许多荣誉头衔，其中有不少授予单位参加了捐赠。美国人做事雷厉风行，举行的仪式大多场面宏大。而且，由于美国幅员辽阔，美国人习惯长途旅行，而我却对这种长途跋涉很不习惯。一路上，他们对我照顾得无微不至，竭尽所能地减轻我在旅途中和宴会上的劳累。美国人不但给了我热烈的欢迎，还成了我真诚的朋友，我不知道怎样才能表达出对他们的感激之情。

邮轮进入纽约港时，我们看到了那雄伟壮观的码头。

大批学生、女童子军和波兰人代表守候在码头上欢迎我们的到来，献给了我们无数的鲜花。然后，我们便被送往一处清静的住所休息。第二天，卡耐基夫人在她的豪华寓所设宴为我们接风洗尘。席间，我结识了募捐委员会的一些人。在卡耐基夫人的私邸中，陈列着她的丈夫安德鲁·卡耐基先生的部分遗物。在法国，卡耐基的慈善事业名声很大。第三天，我们前往史密斯学院与瓦萨尔学院进行参观，坐火车从纽约到那儿需数个小时。在那之后，我们又去参观了布莱恩·莫尔和韦尔斯利等学院。在这一过程中还顺便对其他一些学校进行了参观。

这些女子高等院校最能代表美国人的生活与他们的文化。由于时间仓促，我只能是走马观花地看了一下，而无法确切地对美国的教育进行评价。但是，凭借这些短暂的观察，我还是感觉到了美国人与法国人在教育方面，特别是在对女子的教育方面观念的异同。其中的两点令我体会最深：一是美国人非常重视学生的健康与体育锻炼；二是美国学生在个性发展和独立自主方面有着充分的自由。她们组织了很多社团。而在法国，这两个方面都没有被充分地重视。

我到过的那些大学的建筑和布局都既壮观又和谐。通常情况下，教学大楼会屹立在一片空旷的场地中央，每座大楼之间种植了大片的树木与草坪。史密斯学院就坐落在一条幽静的小河边。校舍窗明几净，令人感觉清爽舒服。浴室的设备也很齐全，冷热水不限量供应。学生公寓十分整洁，还有供学生们聚会用的大厅。体育锻炼也被组织得很有秩序，学生们可以按照自己的爱好选练网球、棒球，或者在室内体育馆里练习体操，还可以游泳、骑马，总之是能够任意进行选择。学校里面还设有医务管理组织，负责学生们的健康。美国母亲们认为，大城市，特别是纽约的环境不利于女孩子们的教育，乡间宁静且又空旷，不但对她们的身心健康有益，还能够使她们静下心来学习。

每个学院里都有女学生组织成立的学生会，其委员由大家推选产生。学生会可以制定学生在校内所应遵守的行为准则。学生们都很活跃，她们参与教育活动，她们自己动手编印刊物，她们专注于音乐，她们还编排戏剧在校内外进行演出，我对她们演出的戏剧内容非常感兴趣。学生们的家庭出身大不相同，有的来自富裕家庭，有的则要依靠奖学金维持学习和生活，但是学生会组织却非常民主，在那里人人平等，没有贵贱之分。学院里面也有不少的外国学生，我见过几个法国学生，他们告诉我说他们对学校的生活与学习环境都十分满意。

学院全部是四年制，在学生在校期间不时地会进行考试。有的学生将四年的学业完成之后，可以继续进行研究，以获取博士学位。美国的博士学位和法国的不太一样。每个学院都拥有自己的实验室，并且仪器设备都很先进。

年轻的女大学生们朝气蓬勃，非常活跃，给我留下了很深的印象。如果遇到欢迎会之类的庆祝活动，比如说我到学院来参观，那些女大学生们总是自觉地积极参加。为我举办的几次欢迎活动，虽然有点半军事化，但是女大学生们的热情，她们表演自编自演的歌曲时那激昂的情绪，以及我到来时她们奔过草坪向我表示欢迎的情景，都让我感触颇深，难以忘怀。

我返回纽约准备去华盛顿之前，还要参加几个宴会：化学学会的午宴；自然历史博物馆与冶金矿业学会的欢迎宴会；社会科学研究院的晚宴；在卡耐基大会堂由每个学院与大学教师、学生代表共同举行的欢迎大会。在上述宴会中，都有包含妇女界在内的各界名流发表热情洋溢的演讲，并授予我各种荣誉头衔和奖状。这些荣誉里饱含着授予者的真情，所以令我格外地看重。不同国家与民族之间的友谊这一话题是经常被人们提及的。副总统柯立芝的致辞，表达了对法国人民与波兰人民在美国创立的过程中所给予的各种帮助的诚挚谢意，他还强调指出，这种友谊在大战中得到了进一步发展。

5月20日，在进行知识交流，对双方文化彼此认同的亲切氛围中，白宫为我举行了隆重的欢迎仪式。虽然时间不长，但却令我十分感动。整个欢迎活动显示出一种民主作风。出席会议的除总统哈定夫妇之外，还有国务院各部门的主要官员、高等法院法官、三军高级将领、各国驻美大使和华盛顿以及外地的社会名流。仪式开始的时候，先由法国驻美大使儒塞朗先生致辞，接下来，梅乐内夫人作为美国妇女界的代表进行讲话，然后，哈定总统发表演说。哈定总统演讲完毕之后，我做了简短的答谢发言。随后，参会的来宾排列成队，相继由我面前走过，和我握手表示祝贺。最后，全体与会人员共同合影，用来永久留念。仪式是在庄严而又美丽的白宫举行的。当时恰好是5月一个阳光明媚的午后，天气晴好，绿草茵茵。白宫屹立在一片草坪之中，周围被一座座建筑物所环绕，看起来洁白晶莹，美不胜收。这个伟大国家的总统代表美国人民在仪式上对我表示欢迎与敬意，真的使我受宠若惊，感到无上的光荣，这一切令我终生难忘。

总统在他的致辞中再一次代表美国人民向法国与波兰人民表达了谢意。他的致辞内容与柯立芝副总统的发言内容大致相同，但他侧重于谢意的表达，再加上赠送镭的特殊性，使我感受到了更加浓烈的情意。

美国人慷慨仗义，赞赏那些对民众有利的事情。镭的发现之所以在美国受到极大的重视和赞许，不单单是因为它的科学价值与它在医学上的重大作用，更为重要的是，镭的发现者不因此为自己谋取个人利益，而是无偿地、毫无保留地将它奉献给全人类的精神令美国朋友对法国科学界产生由衷的钦佩与赞赏。

欢迎仪式上并没有现场将镭赠送给我，而是由美国总统亲手交给我一把小小的金钥匙，能够用它打开那只装有镭的箱子。

在华盛顿出席完主要的庆典后，我在那里逗留了几日，除了出席法国使馆、波兰使馆以及国家博物馆的欢迎宴会以外，我还参观了几座实验室。

离开华盛顿后，我们又先后访问了费城、匹兹堡、芝加哥、布法罗、波士顿以及纽海文等地，并游览了大峡谷与尼亚加拉大瀑布。我接受了这些城市里的一些高等院校，如宾夕法尼亚大学、匹兹堡大学、芝加哥大学、西北大学、哥伦比亚大学、耶鲁大学、宾夕法尼亚女子医学院、史密斯学院、韦尔斯利学院等的邀请，前往进行参观访问，还接受了他们赠给我的名誉学位。对于他们的这番好意，我感激不尽。另外，哈佛大学也举办了欢迎会，我也应该向他们表示谢意。

一般情况下，在授予名誉学位时，美国的大学都要举行隆重的仪式。这种仪式是同每年学生的毕业典礼一起举行的，接受名誉学位的学子必须亲自出席，但为我举行的仪式，有几所则是破例单独进行的。这类庆典活动，美国的大学要比法国举办得多，这是学生的重要活动之一。每年举办一次的毕业典礼则更是隆重。举行典礼时，本校的教师与应届毕业生都要穿戴好学位袍与学位帽，并列队在校园中游行，之后进入大礼堂，由校长宣读获得学士、硕士与博士学位的学生名单，在学子们接受学位证书时，乐队演奏着热情洋溢的乐曲。在这之后，由该校教师或者外校的代表上台进行演讲，内容都与宣扬教育思想以及为人类谋求幸福有关。这些演讲中时常会插入一些美国式的幽默。这种仪式很令人感动，对于毕业生们进行感情联络有着重要的作用。而对于美国的大学来说，这种仪式更为重要，因为美国的大学都是由私人捐赠开办的。近些年来才创办了州立大学。

在耶鲁大学，我很荣幸地代表巴黎大学参加了该校恩格尔校长的就职典礼，恩格尔将出任耶鲁大学第14任校长。在麻省，我参加了美国哲学学会以及医师协会的会议。在芝加哥，我出席了美国化学学会年会，并于会上做了有关镭的发现情况的报告。在这些会议上，我分别被授予斯科

特、富兰克林以及吉布斯荣誉奖章。

尤其引起公众注意的是，美国妇女联合会为我举办的几场欢迎会。我在前面已经说过，纽约各大学的妇女在卡耐基大会堂为我举办了欢迎大会；在芝加哥，波兰妇女协会组织也举行了类似的欢迎会；位于匹兹堡的卡耐基研究所的妇女组织，也热烈地欢迎了我；除此之外，在布法罗，加拿大大学妇女代表团也对我表示了热烈的欢迎。这一次又一次的欢迎会令我深深地感觉到她们对我的深厚情谊，她们觉得女性在未来的科学和其他各种事业中将会发挥越来越大的作用。我认为，在美国，女性的这种看法和男性的看法毫不对立。据我亲眼所见，男性一般来说对女性的这种期待给予了充分的支持与鼓励。在美国妇女界的社会活动中，教育事业、卫生事业以及增加劳工待遇等方面，都得到了更多的重视，并且取得了很大的进步。除此之外，其他各项公益事业也全部受到妇女界的重视与积极支持。梅乐内夫人对我进行支持和资助的计划得以圆满完成，并且深受各阶层妇女的热情赞助，就成为一个明证。

遗憾的是，这次美国之行，我没有充足的时间去对各个实验室和科学研究机构进行参观。在不多的几次这样的参观中，我每次都是怀抱着极大的兴趣的。每到一处，我都会发现美国人非常关心科学事业的发展，并且力求在实验室的仪器设备方面做到完善。有些地方在建立新的实验室，而旧实验室也都用新的仪器进行了配备。每个实验室都宽敞明亮，而不像法国的那样狭小而又拥塞。在美国，实验室的经费多半是由私人捐赠或各种不同的基金会供给的。有一个全国研究会，全部都是依靠私人捐赠建立起来的，它的宗旨就是激励科学研究，使其得到发展，并在科研与工业生产之间搭建桥梁、建立合作。

我还有幸参观了华盛顿的标准局，这是全国性的科学计量与相关研究的重要机构。由美国妇女界赠送给我的镭，被分装在几支玻璃管中，陈放在这里。该局的工作人员还认真地计量了这些镭，并将其装置妥当，安全地送到我所乘坐的邮轮上。

在华盛顿的时候，我还参观了一处新建的实验室，并很荣幸地为该实验室的启用揭幕，这个实验室是专门利用液态氢与液态氦来进行低温研究的。

在参观一些实验室时，我非常高兴能同一些著名的美国科学家会面。和他们的交谈成为我这次访美旅行中最为愉快的事情。

美国有一些镭疗医院，医院全部设有实验室，专门进行镭射气提炼，并将其封固在玻璃管中备用。这些医院储存了不少的镭，医疗条件也很好，在那些医院里接受镭疗

的患者不少。在参观完毕几家这类医院后，令我深感遗憾的是，在法国，没有一家国立医院拥有这么多的镭和如此优良的仪器设备，所以镭疗远远比不上美国发达。我期待着这一差距能够尽快缩短。

虽然镭工业从法国兴起，但却在美国得到了飞速发展，这主要是由于美国拥有大量的含镭铀矿（钒、钾、铀矿）能够保证供应[①]。在旅行途中，我还到美国最大的制镭工厂参观过，感触很深。工作人员的创新精神令我感到非常高兴。该工厂保存的一些胶片上记录着在科罗拉多州广阔的工地上工人们采矿与运矿的情景，以及于这些镭含量微小的矿石之中提炼出镭的过程。他们的提炼方法和程序与我们在实验室里所做的一样，没有分毫差别。

我参观这些镭工厂和厂内配备的实验室时，工作人员非常尊敬我，并且盛情地接待了我。在我参观一个炼制新钍的工厂时，工作人员还送了我少许的新钍，工厂的主人还表示愿意在科研方面资助我。

为了完整表述我对美国之行的印象和感受，我先简单地介绍一下美国的风土人情。想要真的做到这一点还挺困

---

① 由于最近于比属刚果发现了一个铀矿，因此在安菲尔斯特建立了一座大型制镭工厂。——作者注

难的，因为美国幅员辽阔，各地的风土人情又大相径庭，这本小小的书很难做到面面俱到。如果只谈大致印象，我可以说，美国的未来是不可估量的。雄伟壮观的尼亚加拉大瀑布、光怪陆离的大峡谷……留给我的回忆都是非常清晰而又难以忘怀的。

6 月 28 日，我又到纽约港码头登上了两个月前我到美国所乘的那艘邮轮返回法国。匆匆忙忙中，两个月过去了，我不能对美国与美国人妄加评论。但是所到之处，人们对我与我的两个女儿的隆重而又热情的接待，使我深受感动，这种感情是很难用语言来表达的。主人们想尽一切办法使我感觉像在家里一样。许多美国人对我说到，他们曾经也在法国受到过同样的热情接待，就如同在自己的家中一样。当我回到法国的时候，除了对美国妇女赠给我珍贵的礼品表示深深的感谢之外，还深切地感觉到我们两个伟大国家之间友谊的亲切与珍贵。我相信，只要法国同美国两国人民共同努力，就能够为人类和平相处带来无尽的希望。

第二章
皮埃尔·居里传

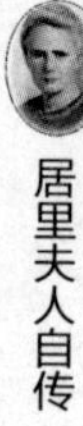

居里家族

皮埃尔·居里的父母既有文化又聪明，他们是并不富裕的小资产阶级人士，和上流社会并无瓜葛。他们常走动的是一些亲戚和为数不多的知心好友。

欧仁尼·居里①是皮埃尔的父亲，他是个医生，并且是医生之子，不过他并不十分了解自己的姓氏，对原籍阿尔萨斯并且是新教徒的居里家族也不甚了解。尽管其父在伦敦定居，但欧仁尼·居里却在巴黎接受教育。他在巴黎学习了自然科学以及医学，而且在与格拉蒂奥莱相距不远的姆塞恩实验室从事教辅工作。

欧仁尼·居里医生人品极佳，与他接触过的人都很敬

① 1827年，欧仁尼·居里出生于米卢斯。——作者注

佩他。他身材高大，年轻时应该是个金发蓝眼的小伙子，即使进入垂暮之年，也仍然目光炯炯。这对眼睛透着一股孩童般的清纯，流露出既善良又聪颖的神采。确实，他智力超群，钟情于自然科学，颇有学者风范。

他原本是想终生进行自然科学研究，但因为婚后家庭负担沉重，随后两个儿子的出生使他不得不放弃这一梦想。由于被生活所迫，他选择从医。然而，他也坚持不时地进行一些实验活动，特别是做结核接种的工作。那个年代，还没有确定这种疾病的病原体。居里医生对科学的痴迷使他养成了远足的习惯，他常常去找寻一些对于实验有帮助的植物和动物。而他对大自然的热爱也使他从内心深处偏爱着乡村生活。直到晚年，他都对自然科学怀有极其深刻的感情，也为未能潜心进行科学研究而倍感遗憾。

医生这个行业收入一直很微薄，但他却在从医生涯中表现出了忠诚耿直和大公无私的优秀品质。在 1848 年革命时期，当他还是个大学生的时候，共和国政府就颁发给他一枚荣誉勋章，用于表彰他在救治伤员过程中的“英勇卓越的行为”。但是在 2 月 24 日当天，他自己因为被一颗子弹击碎部分颌骨而负了伤。随后不久，在霍乱猖獗时期，为了更好地照顾病人，他搬到巴黎的某个医生全部走光了的街区居住。巴黎公社期间，他在自己的公寓里建立了一

个急救中心（位于维奇达雄街），公寓附近设置了一个街垒，他就在这个地方进行伤员抢救。因为他的公民责任心及激进的信念，他失去了资产阶级顾客。与此同时，他接受了一项新任务，即作为一名巡回医生保护低龄儿童，这使他有机会去巴黎郊区生活，那里的环境、空气对他和家人的身体健康远比在城里更加有利。

居里医生是个政治观念坚定的人，理想主义的他，却狂热地爱上了影响了1848年革命者们的共和理论。他同亨利·布里松及与其同一阵营的人结下友谊。与他们一样，他也是自由的思想者，同时还是反教会者，因此他根本就没让自己的儿子们受洗，也没让他们去信奉任何的宗教。

皮埃尔的母亲克莱尔·德普利是一位企业家之女，居住在巴黎附近的小城普托，她的父亲与兄弟们拥有多项与染料及特殊薄纱相关的发明创造，并在工业界声名显赫。她家祖籍萨乌瓦，不幸的是，因1848年革命对企业造成重创而家道中落。家业衰败，再加上居里医生职业生涯中的不顺，使她和家人一直过着有些艰难的生活，并且新困难还不停地出现。皮埃尔·居里的母亲尽管出身优越，但却能够以平静而勇敢的心态，坦然接受目前艰难的生活，并且忠贞不渝地相夫教子，陪同整个家庭渡过难关。

尽管雅克与皮埃尔在成长过程中家庭经济条件一直不

好，有时可以说是困难重重，但是，家里却始终洋溢着一种温馨和睦、其乐融融的气氛。皮埃尔·居里首次跟我提及他的父母时对我说，他们“相敬如宾”，“互相关爱”。他们也的确如此。父亲欧仁尼稍有点独断，思想一直清醒而又积极，并且还带有罕见的无私，他不愿意、也不懂得利用自己手里的关系为改善家庭条件谋私利，对于妻儿，他有着深沉的爱，对任何有求于他的人总是竭力相助。母亲克莱尔个子偏矮，性格开朗外向，尽管因为生孩子而使身体状况受到一定影响，但她总是快快乐乐，无忧无虑，把简朴的家整理得干净整洁。他们的家里充满温暖，很多人都很乐意去做客。

我认识他们的时候，他们居住在苏城的萨布隆街（今天的皮埃尔·居里街）的一幢老式房子里，那房子在一座迷人花园的绿荫深处。他们生活平静，居里医生因工作需要时常四处奔波，或者在苏城，或者去附近其他地区。工作之余，他便读读书或侍弄他的花园。每到星期天，一些近亲或邻居会过来拜访。当时地滚球和弈棋是受欢迎的娱乐项目。亨利·布里松也不时地跑到这个宁静祥和的退隐地来探望自己的老战友。无论是屋里屋外、花园还是居民，都给人一种怡然安宁的印象。

皮埃尔·居里生于1859年5月15日，他家的居所对

面就是居维埃街的植物园，他的父母亲当时就居住在这里。他父亲当时为姆塞恩实验室工作。皮埃尔是居里医生的次子，他比哥哥雅克小三岁半。对于巴黎的童年时光，他的印象并不太深刻。然而，当对我讲述时，那些关于巴黎公社时期他家附近的街垒战斗和父亲的急救中心以及在两个儿子的帮助下父亲抢运伤员的情景，他却记得非常清楚。

1883 年，皮埃尔·居里离开巴黎，与父母一起搬到了郊区。1883 年到 1892 年住在丰特奈·欧罗斯；1892 年到 1895 年，恰逢我们结婚的那一年，住在苏城。

皮埃尔的整个童年时光是在自己家中度过的，他从来没有进过学校。他的启蒙教育首先是来自母亲，随后是父亲和哥哥，而他的哥哥没能完成高中课程。皮埃尔·居里虽然聪颖过人，但却根本不能适应学校的正规课程，因为他的脑子里满是幻想，忍受不了学校强制的知识灌输。他觉得跟不上学校的这种教学方法，于是他常常被认为是头脑有些反应迟钝。久而久之，他自己也认同自己脑子笨，而且还时常这么说。相反，我却认为这种说法并不完全正确。在我看来，反倒是他自童年开始，便将注意力高度集中在某个特定事物上，直到获得正确答案为止，无论外界环境怎样，他的思路都不可能被打断或改变。很明显，这种类型人的思想很可能蕴涵着巨大的发展空间，而同样明显的是，对于这样类型的智力，公共学校中没有任何教育体系能为之服务，事实上这类智力人群不在少数，远多于人们的想象。

尽管如常人所见，他不太可能成为一名优秀学生，但对于皮埃尔·居里而言，极其幸运的是，他父母头脑很清醒，明白他的困难，因此并未强迫他入学，否则的话，可能他的智力发展会大打折扣。即使皮埃尔·居里所接受的启蒙教育非常不正规也不完整，但它同时也有它的好处，也就是无须对他的智力加大压力，从而各种条条框框、成见偏见也不会因此而损伤智力。皮埃尔·居里因这种极为自由的教育方式而始终感激并怀念他的父母。他得益于这样的自由，并且在乡间的远足中逐渐增强了对于自然科学的兴趣爱好，他时常从乡下带回一些动植物以供他父亲实验使用。这种乡间漫步不论是他同家人一起还是独自一个人，都增加了他对大自然的热爱，甚至直到他生命路程的尽头，他都仍旧保持着这份激情。

有机会了解大自然的孩子凤毛麟角，这是因为受到居住环境以及传统教育等条件限制的缘故。而皮埃尔·居里有机会与大自然如此亲密地接触，这对他思想观念的培养起着决定性的作用。在父亲的指点下，他学会了观察事物，并且可以正确地表达出来。他对巴黎地区附近的动物和植物非常熟悉。在一年当中的不同季节里，他知道什么时候在森林里或在草原上，在溪流中或在沼泽地上，能发现什么样的动物和植物。这些地方对他而言具有一种变幻莫测、难以言表的吸引力，那儿生长着各种各样奇异独特的植物，还有数目繁多的青蛙、北螈、蝾螈、蜻蜓以及其他的生长在空中和水里的“居民”。他总是不费吹灰之力即能抓住他感兴趣的东西。他会毫不迟疑地无所畏惧地把某个小动物抓在手里仔细地进行观察研究。等到我俩结婚以后，一起外出散步的时候，如果我不同意他把一只青蛙抓在手里，他就回答说：“不，你看它多么漂亮呀。”每次散步回来，他也总要带上几束野花。

因此，他的自然科学知识在神速增加，同时他数学方面的基础知识也积累了很多，可惜却忽视了文史方面，他的文史方面的知识主要是通过阅读的方式来掌握的。他父亲知识面广泛，对各种知识都有涉猎，并且自己有一间书房，收藏有法国及外国作家的众多著作。他的父亲因为自己也对阅读具有浓厚的兴趣，所以明白怎样与儿子们沟通交流。

在皮埃尔·居里 14 岁左右的时候，他得到了一个非常宝贵的学习机会，他被委托给一位出色的教授进行培养。这位教授是罗贝尔·巴齐尔，主要教授皮埃尔·居里基础数学以及专业数学。这位老师尤其善于启发学生，他对皮埃尔十分关心，不仅督促他努力学习，甚至还帮他提高他那并不出色的拉丁文水平。与此同时，皮埃尔·居里还和老师的儿子阿尔贝·巴齐尔成了朋友。

毋庸置疑，这种教育对皮埃尔·居里的智力发展起到了巨大的作用，使得他的智力水平提高，他的才能逐步增长，并且他逐渐意识到了自己在科学方面的洞察力。皮埃尔·居里在数学的学习方面天分极高，这特别反映在对几何概念的独到看法和善于对空间问题进行思索上。在不长的时间内，他便取得了长足的进步。他所热衷的这些学习内容也是他的巨大乐趣之一，所以他对这位老师一直满怀感激之情。

他对我讲过一些情况，我发现他在那时候就独立地进行思考和研究，不再满足于单一地遵循某一种学习计划。他对刚刚掌握的行列式理论极为着迷，于是便着手画一个与之相类似的图，那是一个三维图。他试图找出这些“立体行列式”所具有的特征与运用方法。勿庸置疑，他这样小小的年纪，掌握的知识又有限，这种尝试无疑是他力所不能及的，然而，他的设想却极富特色，表明他的创新精神在逐渐萌芽。

数年后，始终在思索对称问题的他，提出了这样一个

问题："人们为什么不能找出一种通用的方法来解所有的方程式呢？一切都是一个有关对称的问题。"他彼时尚未了解能够使他接触到这个问题的伽罗瓦群[①]理论。不过随后令他无比欣喜的是，他终于了解到在五次方程情况下几何理论运用的结果。

得益于他在数学和物理学方面知识的突飞猛进，皮埃尔·居里16岁时即获得了理科的学士学位[②]。至此，对他而言最艰难的课程阶段终于跨越过去了。从此以后，他就可以专心致志地在自由选择的科学领域，依靠个人的努力去涉猎新知进行思考了。

---

① 同一个多项式的各根相联系的一个特殊扩张域的同构群。

② 通过法国高中毕业会考所取得的学位。拥有这个学位便能够直接注册进入大学。

青年时期的梦想

皮埃尔·居里尚在年少时，就已进入大学学习了，为拿物理学学士学位做准备。他在巴黎大学听课并进行一些实验，并获得机会在前药学院教授勒鲁的实验室协助教授准备物理课所需教案。与此同时，他还与他哥哥雅克一起工作，后者当时身为里希和赞弗莱什的化学课教辅人员。

皮埃尔·居里年仅 18 岁就取得了物理学学士学位。在上学期间，他就得到了大学实验室主任德桑与副主任姆东的赏识。感谢他们的推荐，皮埃尔在 19 岁时，便被巴黎大学任命为理学院德桑主任的助教，负责学生们的物理实验课。他在这一职位上干了五年，正是在这一期间，他开始了自己的实验研究。

令人遗憾的是，虽然皮埃尔·居里得到了一个好机会，

但他却不得不在19岁的时候就当起了教辅人员，这样他在两三年内都不能继续专心致志地学习了。由于实验室的工作和自己的研究占用了他全部的时间，皮埃尔只好暂停对高等数学的学习，也不再参加考试了。但是，他也因此而不用服兵役了，这是那个时候对从事公共教育工作的年轻教师的优惠政策。

当时的皮埃尔身材高挑，一头栗色的头发，表情腼腆而又矜持。同时，他那张年轻的面庞明显地显示出了他生活圈子的狭小。这一点，在他与父母、哥哥共同照的那张全家福上便可以显现出来。他用手支着脑袋，沉浸在幻想之中，那双大眼睛好像看到了内在深处的什么东西，使人不由自主地被它所打动。与他完全不同，他的哥哥拥有褐色的头发和炯炯有神的目光，看起来神色坚定。

他们兄弟俩相亲相爱，像亲密的伴侣那样生活在一起，这是因为他们工作时待在实验室，闲暇时一起出去散步。他们有几个童年时期的伙伴，直到后来还一直保持着密切的联系：路易·德普利，是他们的堂哥，后来成为医生；路易·沃蒂埃，后来也成为医生；阿尔贝·巴齐尔，后来成为电信工程师。

皮埃尔·居里曾经对我讲起过他生动的回忆，那是关于他在塞纳河畔度假时的事。他同哥哥雅克会沿着塞纳河的河岸走出去很远，有时还下水游泳或者潜水嬉戏。他和他的哥哥都是游泳的好手。有时候，他们还整天整天地漫步。在他们很小的时候，便已养成了在巴黎郊外徒步行走的习惯。有的时候，皮埃尔还会独自一人漫步，这很适合他进行沉默思考。在这种情况之下，他往往会忘记了时间，走路走到身体都受不了的程度。他陶醉于对外部事物所进行的观察与思考，根本没有注意到经济方面的困难。

皮埃尔是这样描述乡间生活对他所产生的有益影响，他在 1879 年的日记中[①]写道："啊！我在这里度过了多么美好的时光啊！远离了巴黎那些令我心烦意乱的种种琐事，我对在林中度过的夜晚和一人独处的白天丝毫不会感到遗憾。如果时间允许的话，我会把我当时的幻想全部讲述出来。我还想描绘那开满了芬芳花朵的河谷。在那里还有那新鲜而又湿润的树叶，悬垂在比埃弗尔河的上方。这个拥有美丽的瀑布和长满石楠的红色鹅卵石丘的地方是那么的美好，简直像童话里的世界。是的，我将永远感激地记住比埃弗尔河边的树林。在我至今所见过的所有树林中，它是我最喜欢的一个，在那里我感觉最快乐。我经常在晚上

① 皮埃尔·居里并没有留下什么真正意义上的日记，只是通过不多的几页，记述了他一生中很短的一个时期，并且也只是随手写写而已。——作者注

出发，沿着河谷朝上游走，回来的时候脑子里装满了各种各样的想法。”

因此，在皮埃尔·居里看来，之所以在乡间能感受到幸福，是因为在那里可以进行冷静的思考。在巴黎忙碌的日常生活不允许他集中思想，这是导致他痛苦与焦虑的一个原因。他认为自己生来就注定是要进行科学研究的。对于他来说，深入了解种种自然现象以创建一种科学的理论去解释它们是很必要的；但是，当他试图将自己的精力集中在某一个问题上时，却经常因许多琐碎的事情而分心，思绪被打乱，这令他很气馁。

他在一篇标题为《天天如此》的日记里记述了那些琐事，它们占据了他整整一天，令他没有时间去做有用的事情。他最后总结道：“这就是我的一天，我没有做成任何事情。这是为什么呢？”后来，他又回到这个问题上来，引用了作家维克多·雨果《国王取乐》中的一句话做标题写道：

“用琐事麻痹想要思索的脑子。”①

“尽管我很弱，但是我不应该让自己的头脑随风飘荡，哪怕是接触到我的最弱小的风。令我周围的一切都静止不

① 引自《国王取乐》，作者维克多·雨果。——作者注

动是很有必要的，或者是让我像一只飞速旋转的陀螺，只是独自旋转而对外界的事物无动于衷。

“正在我自身缓缓地转动时，我想着要让自己飞速地转动起来，但是，一点小事、一句话语、一个陈述、一份报纸、一次来访我就得停下来，这就致使我可能将那个重要的时刻永远地推后、延迟，本来只需要加快必要的速度，我会做到无视周围的一切，将精力集中……我们必须要吃、喝、睡、懒、爱，必须要对生活中最甜美的事物进行接触，但是却不能沉湎其中，在做全部这些必须做的事情的时候，还要坚定不移地对主导思想的正统地位进行保持，并使它在我们可怜的脑袋里面坚定不移地发展下去。我们必须要把生活变成一个梦，然后再使梦想变成现实。”

一个 20 岁的年轻人，用这种鞭辟入里且又全面的分析，对人类思想的最高境界进行了表述，这种方式令人赞叹。它蕴涵着一种教诲，如果充分明白了这一教诲，它就能够为所有想要为人类开创新道路的思考精神开辟道路。

皮埃尔·居里所渴望的聚精会神，不但被他的职业与社会生活所打扰，还被他自己的爱好所干扰，这种兴趣爱好促使他向广阔的文艺领域发展。和他的父亲一样，他爱好文学，并且不害怕尝试那些晦涩难懂的文学作品。面对有人因此对他做出的批评，他爽朗地回答说：“我不厌恶艰

涩难懂的书籍。”这就意味着他迷恋寻求真理，有的时候这种真理却是同没有任何感染力的描写联系在一起的。他还很喜欢绘画和音乐，去看画展和听音乐会的时候总是很高兴。在他的日记中还保留着他亲手抄写的一些诗歌片段。

但是，所有的这一切都是服从于他自认为是自己真正使命的任务的，如果科学思考还没有被充分地调动起来，他就会感觉自己不完整。他用因刹那间的情绪低落所产生的带有消极色彩的语言对他的这种焦虑不安进行表达：“我将会变成什么样子？我很少真正属于我自己；通常，我身体中的一部分总是在酣睡。我可怜的精神，你就那么软弱，而无法对我的身体进行控制吗？啊，我的思想啊！你真是没有任何价值！只有在幻想中，我才最有信心令自己摆脱困扰，但我非常害怕我的幻想已经死掉了。”

尽管伴随着犹豫、疑虑与时间的流逝，年轻的皮埃尔还是逐渐找到了自己的出路，并坚定了自己的信念。在许多后来成为学者的人还处于做学生的年龄的时候，他就坚定地投身于科学研究了。

他与德桑合作完成的第一项研究就是确定热波的长度。这项研究他们是借助一个热电堆和一个用金属丝制成的网完成的。后来，在对同样的问题进行研究时，这种全新的方法经常被使用。

随后，他同他的哥哥合作一起进行晶体研究。他的哥哥取得学士学位后，在巴黎大学矿物系实验室做弗里代尔的助手。这项研究带给这两位年轻的物理学家一个巨大的成功：发现了新的压电现象，即由无对称中心的晶体压缩或者膨胀而产生的在一个电极上出现这种压电的现象。这次的发现绝非偶然，它是由对晶体材质的对称进行反复的思考得来的，这些思考令他们兄弟两个预见到这种电极出现的可能性。他们在弗里代尔的实验室里进行了这项研究的前期工作。凭借在他们这个年龄罕见的实验能力，两名年轻的物理学家成功地对这一新的现象进行了研究，确立了压电在晶体中产生的必需的对称条件，确定了非常简单的定量规律和某些晶体的绝对量。罗恩根、康特、乌瓦特、里埃克等很多著名的外国科学家，都沿着雅克与皮埃尔·居里所开创的这条新路对这方面进行了研究。

从实验的角度来看，想要完成这项研究的第二部分会更加困难。它涉及压电晶体在受到电磁场的作用时所出现的变形现象。这一现象曾被里普曼所预见，最后被居里兄弟两个证实了。这项研究的困难在于所要进行观察的变形非常微小。德桑和姆东给皮埃尔兄弟两个提供了一个屋子，这个屋子和他们两个的物理实验室相毗邻，这样他们就能够成功地着手进行他们微妙的实验了。

在这些既是理论性又是实验性的研究中，他们随即推论出一个实际的结果。在这个过程中他们使用的是一种新仪器，还有可以用绝对值对微弱电量进行测量的压电石英，以及弱电压的电流。这个仪器对后来的放射性研究产生了很大的作用。

在研究压电的过程当中，居里兄弟两个需要使用一些测电设备。因为不能使用当时已知的象限静电计，他们亲自动手制作了一件更适合于他们的研究的新型仪器，这件仪器后来在法国尽人皆知，被命名为居里静电计。向来亲密无间的两兄弟在共同合作的这几年里是幸福并且硕果累累的，对他们来说，友谊和对科学的热爱是对自己的一种激励与支持。在共同研究的过程中，雅克的活跃和精力给予了皮埃尔宝贵的帮助，因为皮埃尔很容易沉湎于幻想之中。

只是，这种美好而又亲密的合作只维持了几年。1883年，皮埃尔与雅克不得不分开了。雅克到蒙彼利埃大学出任矿物学主管讲师，而皮埃尔出任巴黎物理和化学学校实验室主任。该校是由弗里代尔与舒赞贝格推动，巴黎市政府创建的，第一任校长是舒赞贝格。

雅克与皮埃尔所做的晶体研究成果卓著，1895 年他们获得了普朗泰奖，虽然获奖很晚，但却是真实的。

最初的研究

皮埃尔·居里在物理和化学学校罗林学院里的旧楼中，工作了 22 年，开始时任实验室主任，后来成为教授，这几乎相当于他科学生命的全部时间，甚至于他的回忆也似乎都与这些后来被拆除了的旧大楼有着密切的联系。在那里面，他会度过整个白天，只有晚上才会回到他父母亲居住的乡间。他在学校里感到非常幸福，因为学校的创建者舒赞贝格校长对他十分关怀，并且学生们对他也非常敬重和友善，其中有很多学生都成了他的弟子和朋友。关于这段经历，在他生命中最后几年里，有一次在巴黎大学做完演讲后，他是这么说的：

“在此，我想着重指出，我们在巴黎市政府筹建的物理和化学学校，进行了所有的研究工作。人们身处的工作环

境对研究成果的影响都是很大的，甚至于有一部分成果都应该归功于这种影响。我在物理与化学学校工作二十多年了，学校的首任校长舒赞贝格是一位优秀的科学家。我至今仍旧心怀感激地记得当我还是教辅人员的时候，他为我提供优越的工作条件。后来，他又允许我的妻子玛丽·居里到我身边工作，这样的举措在当时那个年代是一种不同寻常的尝试。舒赞贝格在很大程度上给予我们大家自由。他对科学的那种热情感染了大家，令我们感触颇深。物理和化学学校的教师以及该校的毕业生共同形成了一个亲切有益、成果多多的氛围，对我的帮助很大。就是在学校的校友中我们找到了合作伙伴和朋友。非常高兴我能够在这里向大家表示感谢。”

在刚开始出任新职务的时候，他的年龄比他的学生们大不了几岁，但他平易近人且又彬彬有礼，在日常生活中，虽是老师，可更像朋友，因此学生们都很敬爱他。他们中有一些人至今回忆起在他身边学习以及在黑板上讨论问题的情景时还是很动情。他会主动地和大家就一些科学问题进行讨论，这对大家的成长与激情的萌发都是大有裨益的。1903 年，皮埃尔参加了学校老校友会举办的一次聚餐会，在那里，他笑着回忆起那时的一次意外。有一天，他和几个学生在实验室里干活干得太晚了，等到他想走的时候，发现门被锁上了，所以大家只能顺着二楼窗子旁的一根管子溜下去。

因为他性格矜持而腼腆，所以不是很容易和大家打成一片，但是由于工作关系而同他在一起的那些人都非常爱戴他，因为他为人亲切随和，他这一生，都是深受他的下属们喜欢的。皮埃尔在学校的实验室里有一个助手，是个小伙子，他在生活极其困难的时候受到了居里的帮助，因此对皮埃尔·居里一直怀有很深的感激和崇敬之情。

尽管同哥哥分处两地，但皮埃尔仍与哥哥维系着从前的友谊和信任。每到放假，雅克·居里就会前来看他，两人再次开始颇有成效的合作，将这段自由的时间全部奉献给这种合作了。有的时候，皮埃尔也会前去看望雅克，雅克当时正在奥维涅忙着绘制一份地质图，他便和雅克共同进行实地踏勘工作。

下面就是他对其中一次踏勘的回忆，是从他在我们俩结婚前不久给我写的一封信中摘抄下来的：

我和我哥哥一起度过了一段很快乐的时光，我们抛开了眼前的所有烦恼，去享受我们已经习惯的生活模式，我们甚至于连一封信都收不到，因为每一天我们都不知道第二天将会宿于何处。

有的时候，我觉得我们两个又回到了共同生活的那个时候。我们竟然达到了对任何事情的看法都一致的程度。因为想法一致，我们都不用再说出来就可以相互领会彼此的看法。我们两个性格迥异，能做到这一点就更是难能可贵了。

从科研的角度来看，从皮埃尔·居里一开始受聘前去物理和化学学校任职的时候，他的实验性研究就耽误了。的确，他刚上任的时候，这所学校还没有任何东西，全部都要创建。围墙和隔板也都刚刚弄好。皮埃尔·居里必须全权负责组织学生实验工作。他以其别具一格的精细新颖的思想成功地完成了这项任务。

学生数量颇多，一个班有三十名，这对于仅配备了一个实验室助手的年轻的皮埃尔来说，带领这么多的学生做实验，本身就很艰难。头几年的工作无疑是艰苦的，但对于他所指导的学生们的教育和培养却是大为有益的。

皮埃尔·居里趁着自己的实验研究被迫中断的时间，为自身补充科学知识，尤其是数学方面的知识。这个时候，他已经成为晶体学和物理学的理论性质研究方面的领军人物了。

1884 年，他发表了一篇以晶体对称性研究为基础的有关增长序与重现的论文。同年，就同一题目，他做了一个更加广泛的报告。1885 年发表另一篇有关于对称与重现的论文。同一年，他就晶体的形成与不同面的毛细常数又发表了一篇非常重要的理论文章。

我们可以从他连续发表的这几篇论文看出，对于晶体物理，皮埃尔·居里有多么关心。他在这一领域的研究，不论是理论性的还是实验性的，都围绕着一个非常普遍的对称性原则。他成功地逐渐地指出这一原则，但直到 1893 年至 1895 年才于他所发表的一些论文中最终确定下来。

下面就是他关于这一论证提出的假设，将于今后成为经典的程式：

当某些效果为某些原因所产生时，原因的对称因子应该再次出现在所产生的效果之中。

当某些效果显出某种不对称时，这份不对称应该再次出现在使之产生的原因之中。

这两种假设的逆命题未必正确，但至少在实际之中不是这样，换句话说，所产生的效果能够比原因更加对称。

这个虽然简单但却完美的论证具有极大的重要性，这种重要性在于，它所引入的对称因子是同所有物理现象相关联的，无一例外。

受对有可能存在于自然界之中的对称群所做的一次深

入研究的指引，皮埃尔·居里指出了应该怎样利用这种既有几何学特性又有物理学特性的资料去对某种现象是否会产生或是它在所考虑的条件下是不可能产生的进行预见。他在一篇论文的开头是这么强调的：

> 我认为最好能够在物理学中引入为晶体研究者们所熟知的对称概念。

他在这条道路上取得了重大成果，虽然后来转向了其他研究，但对晶体物理他始终保持着浓厚的兴趣，并在这一领域内不断地思索拟定一些新的研究计划。

皮埃尔·居里念念不忘的对称原理，是重大的物理原理之一，这些原理虽然为数不多，但却对物理现象的研究有着指导作用，它们扎根于实验所提供的概念之中，但是又逐渐地从中摆脱出来，获得一种更加普遍、更加完美的形式。因此，热当量与功当量的概念便被补充进动能与潜能的当量概念中来，使得应用很普遍的能的保存原理得到建立。同样，质量保存原理也从将化学作为基础的拉乌瓦齐埃实验中逐渐地得出来了。通过对这两种原理进行聚合，一个令人赞叹的综合结论在最近达到了更具普遍性的程度，因为已经证明，一个物体的质量同其内在的能是成正比的。

通过对电现象的研究，里普曼将电的保存的普遍原理提了出来。根据生热装置的运作构思所产生的卡尔诺原理也具有非常普遍的意义，能够预见各种物质系统自发变化的最有可能的方向。

对称原理提供了一种可比变化的模式，从一开始，通过对大自然的观察就能验证对称概念：如果矿物质是晶体化了的，那么它的规律性则会更加完美。我们能够看到大自然向我们提供了对称面与对称轴的概念。如果对称面将物体分成两个部分，如果每一部分又都可以被看作是这个面所反映的另一部分的形象（就像在一面镜子里那样）的话，这个物体就拥有一个对称面或是蜃景面。这几乎就像是人与很多动物的外部形象所产生的那样。如果把一个物体沿着某一轴线旋转，当转到一周的几分之一的时候，物体恢复到开始的形状，我们就能够说这个物体拥有一千几阶的对称轴线。比如，一个整齐的四瓣花朵，就拥有一个四阶对称轴线，或是四阶轴线。像岩盐或者明矾这样的晶体就拥有好几个对称面与好几个不同序的对称轴。

我们通过自己的几何学知识发现对一种被限定的形象，例如多面体的对称因子与在这些因子中发现的使它们聚集成堆的一些不可或缺的关系。了解这些堆体十分有利于将晶体形式合理地排列成为一个数量不多的系，其中的每一个系都是由一个简单的几何形式演变而来的。因此，正八面体就属于和立方体一样的系，因为由对称轴与对称面所组成的堆体于两种情况之下都是相同的。

在研究晶体物质的物理属性过程中，必须考虑这种物质的对称性。这种物质在通常情况下都是各向异性的；换句话说，当介质，例如玻璃或水，是各向同性（这是因为在这种情况下，各个方向全是相等的）时，它在各个方向中就不具有相同的特性。对于光学的研究首先指出了光在晶体里的传播所依据的是晶体的对称因子。对于导热性、导电性，对于磁化与极化等来说，也都是同样的。

正是在思考这些现象的因果关系时，皮埃尔·居里被引导去对对称的概念进行补足与扩展。他认为对于一个现象出现在其中的介质来说，这种概念是一种独有的空间状态。为了确定这一状态，就必须要考虑介质的构成，和它的运动状态以及它所从属的物理因子。所以，一个直圆柱体就拥有与它在其介质中的轴相垂直的一个对称面和通过这个轴的无尽的对称面。假如这同一个圆柱体能够围绕着它的轴进行旋转的话，就存在第一对称面，但是其他的就全部被取消了；假如这个圆柱体还被一股电流同时纵向通过的话，那么任何对称面就都保存不住了。

对所有的现象来说，有的要将同它们的存在相容的对称因子确定下来：在这些因子中，有一些能够同某些现象共存，但是它们却并不是不可缺少的。必需的则是，它们之中的某一些并不存在，而是不对称所产生的现象。当数个现象重叠于同一个系中时，不对称就自动增多。（出自皮埃尔·居里《论文集》第127页）

正如上述结论所说，皮埃尔·居里阐释了一种普遍原理，其《论文集》（第37页）对这一普遍原理的研究，在其普遍性和抽象性方面，达到了巅峰的状态。如此得到的综合似乎是决定性的，而剩下的只是据此而去推论出它所包含的整个发展。

因此，应该把每个现象的独特对称确定，并将那些对称群按照门类分开。质量、电荷、温度有着相同的"标量"，也就是圆球形对称。水流或者单向电流属于矢量对称性，是"极矢量"之类。正圆柱体的对称则是属于"张量"之类。所有的晶体物理学研究都能够按照这种方法加以归类，但这种方法中，不需要指定所研究现象的具体情形，而只需要观察它们的各物理量于几何与解析上的因果关系就行了。

因此，对电场所产生的极化效应所做的研究，也就相当于是在对研究两个矢量之间的关系，并列出含有九个系数的一组线性方程式。这组方程式中的每个系数的意义在

于，对于它们加以修改即可以用来表示导体中的电流同电场的关系，或者热流同温度梯度的关系。同样，在对矢量同张量间的普遍性关系进行研究时，压电现象的各种特性便可以显示。除此之外，凡是属于晶体弹性的各种现象也都能够通过两组张量之间的关系来决定。但是，这些张量通常都需要三十六个系数才能进行表述。

通过这一简单的阐述，我们从中了解到自然现象中全部的对称性在理论上的重大意义，而皮埃尔·居里凭借一种明白无误的方式表述了其深刻的意义。有必要在此提及，巴斯德曾经也用过同样的观点来对生命进行观察，他说道：“作为一个整体，宇宙是不对称的，所以我相信我们见到的生命应该是受宇宙不对称作用影响的，或是说我们的生命是不对称性的结果。”

随着学校里的工作逐渐进入有序状态，皮埃尔开始考虑再次进行自己的实验研究了。但是实验研究的条件却不理想，他没有自己独立的实验室，也没有空屋可以利用，并且研究经费也毫无着落。在学校工作了好几年之后，幸亏有舒赞贝格的支持，他才得以每年获得一小部分研究经费。另外，也是由于校长的关照，他所需要的实验器材能够从学校教学实验室里的日常开支中划拨，但事实上那所谓的日常开支经费也是少得可怜。他只能使用很小一部分实验场所。他的部分实验是在学生们不用时的大课堂中进行的。不过，最经常的是他在楼梯底下或者学生实验室里进行自己的实验。就是在这种条件下，他完成了那漫长而又卓有成效的磁学研究。

这种非正常的、明显不利于皮埃尔的科研状况却也有其有利的一面，那就是他正好可以借此更多地接触学生，而有时候那些学生也能参与一些他的科学研究。

皮埃尔再次开始实验研究的主要目标是研究“直接称量最微小量的精密天平”这一高深的课题。那是 1889 年—1891 年间的事。这种天平不用小砝码，而代之以一个测微仪，将它装在天平一臂的顶端，并通过显微镜来读数。在这种天平上装有空气阻尼器，能令天平两臂的摆动及时停止，然后便能够立刻读数了。和旧天平相比，它大有改进，特别是它的称量极其快速，在化学分析实验中称量的速度直接影响到它的精确性。所以，在化学分析实验室里，这种新式天平非常受青睐。甚至可以说，这种由皮埃尔发明的天平确实是开创出了天平制造业的新纪元。这种发明并不是完全依赖经验，而是皮埃尔先研究了一番阻尼运动，并借助一些学生的帮助，绘制出了一些曲线图表，将他的推论证实之后才获得成功的。

1891 年左右，皮埃尔·居里开始系统研究物体的磁性和温度（从常温到1400℃之间）的关系，时间长达几年。1895年在巴黎大学的教师会议上，他的研究结果以博士论文的形式被宣读。皮埃尔将他的研究目的和结果凭借明确而又简洁的语言叙述了出来。他在文章中写道：

根据自身磁性，物体可被明确地分为抗磁性物体、弱磁性物体以及顺磁性物体①三类。乍看上去，这三类物体完全不同。该项研究的主要目的在于探究这三种状态之间是否存在一种过渡，能否让某一种物质按照顺序经过这些不同的状态。因此，我对不同温度与磁场下的许多物质进行了研究，并对它们的磁性进行了观察与测量。

我在实验中未能对抗磁性物质和顺磁性物质在性质上的关系进行证实，但实验的结果却显示一些不同性质的原因造成了磁性和抗磁性。相反，铁磁性物质与弱磁性物质的性质却有着紧密的关系。

在实验方面，这项研究出现了大量的困难，因为实验需要在温度达到1400℃左右的装置中测量出极其微小的力（仅有百分之一毫克的重量）。

---

① 同铁相类似，顺磁体的磁化作用有时为极强的磁化（铁磁化），有时为较弱的磁化。抗磁体系是指物体的磁化作用非常微弱，并且和铁在相同磁场中具有相反的磁化极性。——作者注

正如皮埃尔·居里认识到的那样，他得到的结果在理论上看极具重要性。他从中得出了“居里定律”。按照这一定律，物体的磁化系数同它的绝对温度成反比。这个定律十分简单，完全可以同盖-吕萨克的“理想气体的密度同其温度成反比”的定律相媲美。1905年，保尔·朗之万发表的著名的磁学理论就引用了皮埃尔·居里的这个定律，并从理论上进一步对抗磁性和顺磁性的不同起因进行了证实。朗之万的研究，与后来的P·魏斯的重要研究也都证明了皮埃尔·居里所得出的结果是非常精确的。皮埃尔还于磁化强度和流体密度之间看到了相似状态，因为物质处在顺磁化状态可以同气态相比较，处在铁磁化状态则可以同凝聚状态相比较。

在这项研究工作中，皮埃尔尽力去探索还不为人所知的新现象，他认为这些新现象并非没有存在可能。他忙着对一种很强的抗磁性物质进行寻找，但并没有成功。他还在探究是不是有一些能够传导磁性的物质，是不是磁性能够像电荷一样呈现自由状态存在。在这一方面，他也没有见到过确定的结果。他从来没有就这些研究发表过什么，这是因为他习惯于这样投入到对现象的追踪中去，尽管无功而返，但他就是喜欢对意外的东西进行探寻，而从不考虑是不是要著书立说。

这种对科研完全无私的热情令他未曾想过要专门将自己的研究成果写成一篇博士论文。当决心将刚完成的磁性研究方面的见解颇深的成果聚合起来作为博士论文的时候，他已经是中年人了。

我对他进行博士论文答辩时候的情景至今记忆犹新。当时我们两个已经友谊甚笃，所以他邀请我前去参加他的答辩会。布蒂教授、里普曼教授同奥特弗耶教授共同组成了评委会。旁听者有他的朋友和他的父亲。他的父亲因为自己儿子所取得的成就而高兴异常。我记得皮埃尔进行答辩时简洁明确而又条理清晰，深得评委们的赞赏。当评委们和皮埃尔进行问答式的交流沟通时，我仿佛在参加一个物理学的研讨会。那一天，小教室里就像是在对人类的崇高理想进行颂扬，我被深深地打动了。

在回顾皮埃尔·居里一生的时候，我们可以看到，1883 年至 1895 年间，作为实验室主任，他在学术上的成就巨大。在这几年里，他成功地将实验室组建成为一个全新的教学单位，并发表了一系列重要的理论性文章与一流的实验研究报告，还制作了一些精确度很高的新仪器，而所有的这一切全部都是在设备不完善、经费不充足的情况下完成的。所以，我们可以认为他克服掉了青少年时期的怀疑和犹豫，并将自己的研究方法进行了规范，充分调动了自己不平凡的才能。

由此，他在国内外的声誉日益增长。他经常将自己的研究成果拿出来同他人进行交流，比如在一些学术团体的会议上，包括物理学会、矿物学会以及电气工程师学会等等，并且在探讨科学问题时踊跃发表自己的看法，到会者全都洗耳恭听。

英国著名物理学家开尔文爵士是这一时期对他进行高度评价的外国科学家之一，他于一次科学讨论会上同皮埃尔进行了交流，从此以后，他就一直对皮埃尔赏识而又亲切。开尔文爵士在他的一次巴黎之行期间，参与了物理学会的一次会议。在会上，当谈到装有保护环的标准的电容器的构造与使用时，皮埃尔主张用电池对保护环里的中央圆板进行充电，而保护环则同地面连接，这样就可以将另一块电板上所感应到的电荷用来计量。尽管这种构造令电线的空间分布非常复杂，但它的感应电荷却能够运用静电学中的定理来计算。这一过程中所运用的公式和普通电容器在均匀电场中所运用的公式同样简单。另外，按照皮埃尔的方法，电容器的绝缘性能更好。刚开始的时候，开尔文认为皮埃尔的推论并不精确，但是，到了第二天，他不顾自己年龄已大，亲自来到皮埃尔的实验室拜访了年轻的实验室主任，同皮埃尔在黑板上进行了讨论。后来，他彻底信服了，并且很高兴地对皮埃尔推论的正确性进行了称赞。①

令我们感到惊讶的是，虽然皮埃尔·居里成绩斐然，但他在12年间一直担任着实验室主任的职务。毫无疑问，这是因为无人举荐关照，没有得到有权势者的人帮助，是非常容易被人遗忘的，还因为他对为达到升迁目的而四处奔走、求人帮忙的行为深恶痛绝。他向来性格独立，光明磊落，他是绝对不会为了升迁而去活动的。为此，他只能屈于此职（每月拿三百法郎的薪水），同体力劳动者的报酬没有什么差别，只是勉强能够维持简单的生活而已。尽管处境如此糟糕，他却始终没有放弃过自己的研究工作。

对于这个问题，他曾经在给我的一封信中提到：

> 有人对我说，我校的一位教授可能要辞职，如果是这样的话，我就想接替他所留下的职位。不过，任何职位都需要自己申请，这可是件令人头疼的事，我实在是不习惯做这种使人难堪的事

---

① 在访法期间，著名物理学家、英国的开尔文爵士给皮埃尔写了一封信，内容摘要如下：

亲爱的居里先生：

十分感谢您周六的来信，来信的内容，我感到非常有趣。如果我明天上午11点到你的实验室拜访，你应该会在吧？我有两三件事情想和你进行讨论，并且还想看看你所绘制的在不同温度下的铁的磁化带曲线圈。

情。我认为没有比这么干而去听别人说三道四的事更不像话的了。我很遗憾和您谈到这种事情。

皮埃尔不仅不渴望谋求晋升，更不愿去追求荣誉声望。涉及名誉、奖赏的问题，他的态度尤为坚决，他不但不认为它们具有任何用处，还相信它们有百害而无一利，谁要将全部心思都用在对荣耀的追求上，就必将自寻烦恼，还会将人的最崇高的目标放到次要的地位，这个目标就是为了爱好而从事的科学研究，这是人类最为高尚的情操。他的道德观念向来真诚而又高尚，所以他的行为举止同他的思想保持着一致，从来都是言行一致，表里如一的。舒赞贝格曾经想要提议授予皮埃尔共和国一级教育勋章，虽然获此殊荣会带来很多好处，但仍被皮埃尔婉言谢绝了。他写信给校长舒赞贝格说：

获悉您再次推举我获取这一殊荣，我不胜感激，但我真诚地请您千万不要这么做。如果您真的成功地为我申请了这一荣誉，那会令我处于尴尬的境地，因为我已下定决心不再接受任何荣誉了。请校长先生谅解我并撤销您的提议吧，免得使我贻笑大方。如果您希望向我表达您的关怀，那么您以前为了使我无后顾之忧进行研究工作所做的努力就已经是对我很大的关怀了，这远远胜过为我去争取虚名。但是，我仍对此向您表示不胜的感激。

皮埃尔从来没有违背过自己的意愿。1903 年，政府曾经准备向他授予“荣誉勋章”，但是也被他婉言谢绝了。虽然他并不愿意为了自己的晋升而四处活动，但在 1895 年时，他还是得到了升迁。法兰西学院著名的物理学家马斯卡尔教授感佩于皮埃尔·居里的才干，又听到开尔文爵士对他所做的高度评价，便竭力向舒赞贝格保荐皮埃尔，他聘请皮埃尔为教授，在物理和化学学校开了一个物理学讲座，使他的才能得到充分的发挥。但是，这一时期，皮埃尔缺乏研究经费的问题并没有由此而得到任何的改变。

生活与品德

在 1894 年的春天我与皮埃尔第一次相遇。当时我住在巴黎，已在巴黎大学读了三年书，通过了物理学科学士考试①，并且还在为数学学士学位的考试做准备。与此同时，我还在里普曼教授的实验室里做研究。和我相识的一位波兰物理学家对皮埃尔·居里非常敬重，有一天，便邀请我们同时去和他们夫妇共度周末。

当我进入客厅时，看见皮埃尔·居里正站在向着阳台的落地窗旁。我认为他看上去非常年轻，虽然已是三十五岁的人了。他的目光清澈，双目炯炯有神，身材修长，非

① 法国大学一般分为三个阶段。其中一二年级为基础阶段，即第一阶段；三四年级为学士（三年级）阶段与硕士（四年级）阶段，即第二阶段；然后为大学博士阶段，即第三阶段；在这之后继续深造，能够获得国家博士学位。

常潇洒，给我留下的印象很深。他说起话来总是经过深思熟虑，听起来慢条斯理的。并且态度率直，笑起来庄重而又富有生气，让人很是信赖。我们很快便谈得很投机了。一开始我们谈的是科学问题，我很愿意听听他的看法。后来，我们便将话题转到彼此都感兴趣的社会问题与人类问题上了。我们两人虽然国籍不同，但对事物的看法却是惊人的相似，想必这是因为我们两个所处的家庭环境有着某种共同的道德观使然。

后来我们在物理学会与实验室再次相遇，而后他请求我允许他前来拜访我。当时我住在大学区里一幢破旧楼房的七层，因为经济条件所限，我只能住这种公寓。但是我因为已经实现了在科学方面进行深造这一多年的夙愿，所以仍旧乐呵呵的。当时我二十五岁。皮埃尔·居里到我住的地方看我，见我住得这么差，对我表达了真诚的关怀和同情。在这之后，他就常常跟我谈起他愿意为科学研究奋斗终生的梦想，并请求我和他共同分享这种生活。但是，一时间我还很难下此决心，因为假如此事成真，那就意味着我将要和我的家庭与祖国长期分离，并放弃种种对自己来说是弥足珍贵的为社会服务的计划。我是在被践踏的波兰伴随着一种浓厚的爱国主义氛围成长起来的，我想像祖国其他许多的青年人那样，为保存民族精神而贡献出自己的全部力量。

假期开始我便离开巴黎回到了波兰父亲的身旁，我们两个的事情也就被放在了一边。在身处两地的这些日子里，我们之间的感情不但没有减少，随着彼此间书信的往来，反而加深了。

1894年的夏天，皮埃尔·居里给我写了一些文采飞扬、热情洋溢的信。他习惯了言简意赅，所以每封信都不长，但是他的每一封信都在真心实意地表达出对我的一片深情，希望我可以成为他的终身伴侣。对于他的文字功底，我是非常钦佩的，没有谁可以像他那样凭借三言两语就能够将一种精神状态或是一种境况表达出来，并且是用一种非常简朴的方式讲述出事情的本质，给人留下难忘的印象。我认为，凭借这一天赋，他完全可以成为一个出色的作家。关于他的信，我在这本书中已经引述了几段，在后面的陈述中我还要引述。下面我先引述一下他殷切希望我能够成为他的妻子的几段：

> 我们两个已经彼此承诺（不是吗？）过至少相互间要保持一种伟大的友谊。希望您没有改变初衷！因为口头的承诺并不能算数的，而这种事又无法强求。不过，这又将会是一桩美事。
>
> 斗胆地，我盼着我们两个能够互相依偎着在我们的梦想中度过一生：你报效祖国的梦、我们

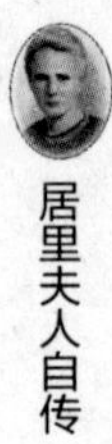

替人类谋幸福的梦与我们的科学之梦。在上述所有的这些梦中，我觉得最后的那个梦是能够实现的。我是想说，我们没有力量去改变社会的现状，即便是有这种可能，我们也不知道该怎么去做，仅凭一时的想象，说不定会好心办了坏事，从而阻碍了社会不可避免的发展。但是在科学方面却不同，我们是能够做点什么的，因为这一领域是脚踏实地的。虽然这一领域非常狭小，但是我们必将有所收获。

我迫不及待地建议你十月份返回巴黎。如果今年你不回巴黎，我会十分痛苦的，不过，我可不是出于朋友的私心才让你回来的。我只不过是觉得你在这儿学习会更有利，并且可以完成更加实在、有用的工作。

从这封信中我们可以看出，对皮埃尔·居里来说，他的未来已经选择了一条路，他将自己的生命奉献给了他的科学梦想。他需要一位和他一起去实现这个梦想的伴侣。他不止一次和我说过，他到了 36 岁都还没有结婚的原因，就是他不相信符合他这一绝对条件的婚姻会有存在的可能性。

他在 22 岁时曾经在自己的日记中写道：

女人比我们男人更加喜欢为了生活而去生活。天才的女人几乎是没有的。所以，当我们为某种神秘的爱情所驱使，想进入某种反自然的道路时，当我们将自己的全部精神贯注于自然奥秘时，我们往往就会同社会相隔绝，我们常常就要同女人去斗争，而这种斗争又似乎永远不是势均力敌的，这是因为女人会以生活与本能的名义将我们的后腿扯住。

从引述的信的内容中我们能够看出皮埃尔相信科学，认为科学对于人类有着不尽的力量，这种信念是不容动摇的。巴斯德说过："我坚信科学与和平将战胜愚昧与战争。"这同皮埃尔的看法简直是太一致了。

这种认为科学能够解决一切的信念，使皮埃尔·居里很少主动参与政治。深受自身教育和信念的影响，他向往民主思想与社会主义思想，但是又不受任何党派理论的影响。另外，他同他的父亲一样，向来忠于履行公民应尽的义务。不管是在公众生活还是在个人生活中，他都反对使用暴力。在写给我的一封信里，他这样说：

假如有这样一个人，想用头去将一堵墙撞倒，对于此人，你有什么看法？这种想法应该是由一种十分美好的愿望导致的，不过，如果真的这么做起来，那便是荒唐愚蠢至极了。我觉得某些问题需要运用一般的方法进行解决，而今天，不可以用个别的方法加以解决，人们一旦走上一条找不到出路的道路的话，就有可能做出许多坏事来。我还觉得当今世界没有正义，只有强权政治，或者说是经济强国才能够胜出。一个人累得不死不活，但却过着凄惨的生活，这是令人十分气愤的事情，不过，这种事情并不会因为你一气愤就消失了。这种情况有可能会消失，因为人就是一种机器，根据经济观点来进行分析，让一部机器在正常状态而不是强制状态之下运转，才是上策。

他对自己的内心活动着一种清晰明确的认识，就如同对普通事物进行观察一样。他向来认为最重要的是对自己真正的意愿保持忠实，同时对他人的观点表示尊重。为了顾此又不失彼，就必须衡量轻重，该谦让时就谦让。尽管他尽可能地在迁就，努力将矛盾减小到最低限度，但还是没有办法完全避免矛盾的出现，为此他经常感到苦恼。在给我的一封信中他写道：

我们大家全是情感的和我们所喜欢的人的成

见的奴隶。我们还要谋生，因而成了机器的齿轮。最使人伤心的是，我们必须向我们的社会的各种偏见做出让步。让步的多少则取决于你自认为强大还是弱小。假如让步得不够，你将会被碾得粉碎；假如过分地退让，你就是卑鄙小人，就会对自己感到厌倦。今天，我已远离了十年前自己所遵循的原则。那个时候，我认为凡事都需要极端，绝不对周围环境做出任何的让步。当时我以为，一个人就应该像显示他的优点那样去展示他的缺点。

这就是那个自身无钱无势、却想要同他所遇见的一贫如洗的女大学生结成伉俪的人的思想状态。

假期过后回到巴黎，我们之间的友谊更加亲密，双方都逐渐明白，除去对方，谁都不可能找到一个更好的终身伴侣了。所以，我们决定结婚，并于 1895 年 7 月 25 日举行了婚礼。婚礼仪式按照我们两人共同的志趣，举办得十分简单，并且没有采取宗教的形式，这是因为皮埃尔·居里没有任何宗教信仰，而我自己也并不是教徒。皮埃尔的父母双亲对我表示了最真诚的欢迎，我的父亲与姐姐参加了我的婚礼，他们非常高兴能够认识这个我未来的家庭。

开始的时候，我们住的地方非常简朴，是一个位于格

拉西埃尔街的三居室，离物理和化学学校不远。这个住所最大的优点就是朝着一个大花园。里面的家具很简单，都是从父母家里搬来的。由于受经济条件限制，我们没有雇用人，因此我几乎需要包揽所有的家务活儿，幸好我在学校生活期间就已经养成亲自动手干活的习惯了。

皮埃尔·居里的教师薪水为每年六千法郎，我们觉得他不能做任何兼职，起码在开始的时候不能兼职。而我则在为年轻女子教师资格考试做准备，以便可以获得一个教职。1896 年我通过了这项考试。按照科研的需要，我们对生活进行了安排。整个白天我们都待在实验室里，舒赞贝格准许我在我的丈夫身边工作。

那个时候，皮埃尔正带着很大的兴趣埋头于晶体形成的研究。他想知道晶体的某些面的特殊发育与生长，是由生长速度不同还是由溶解度不同而造成的。很快他便获得了一些有意思的结果（虽然他并没有发表），但是后来因为要继续进行放射性的研究，于是他不得不将这一研究中断了，这令他经常感到遗憾。与此同时，我正忙着研究淬火钢磁化作用。

皮埃尔·居里对学校教学的备课做得十分仔细、认真。他的这门课程是新开课，所以并没有硬性规定要求他做任何的教学大纲。一开始的时候，他将他的课程分为两部分——晶体学与电学。后来，他越来越觉得电学理论课对于培养未来的工程师来说是非常有用的，于是他便专门讲授电学理论了，而且成功地使这门课成为正式课程（一共分为 20 课左右）。在当时，他的这门课可以说是巴黎大学最完整、最现代的课程。他付出了巨大的努力来将它讲好，这是我每天都能够亲眼看见的。对于种种现象、理论和观点的演变，他总是做出形象而又全面的阐释，务必使讲解明晰而又精确。他一直在考虑要将自己的讲义编订成册，但因为事情太多，几年来一拖再拖，最终未能如愿。

因为我们两个在理论工作、实验室的实验、备课或者备考等等事情上拥有共同的兴趣，所以我们的生活一直都很亲密融洽。作为夫妻共同生活的 11 年中，我们几乎没有分开过，因此这一期间我们几乎没有哪怕是只言片语的信件往来。我们还会在休息日和假日的时候徒步或者骑车远足，有时在巴黎郊区的乡间田野，有时去海边或者山里。我们很难在一个无法工作的地方待久一点，因为皮埃尔心里装满着工作。只要是空闲了几天，他就会说：“我感觉我们已经好久都没有做什么了。”与此相反，他对一连数天的外出郊游还是充满兴趣并且玩得非常开心，每次都是我们两个一同前往，就像他从前和他哥哥一起玩耍时一样。不过，即便是游山玩水也阻止不了他对科研问题进行思考。就这样，我们跑遍了塞樊纳地区、奥弗涅山区、法国的海滨和几处大的森林。

大自然的美景美不胜收，使人难忘，我们游玩过后还不时回忆起这些情景。有一天，阳光明媚，我们在气喘乏力地攀登了很久之后，到达了奥布拉克高山草甸，那里有清新的空气和满目的碧绿。还有一次出行也令我们印象深刻。一天傍晚，我们正在特吕埃尔山谷流连，忽然听到一首民歌小调传来，接着便看见一只小船渐渐驶近，随着小船顺水而下，那歌声也渐渐远去，我们仿佛置身于人间仙境一般乐而忘返，直到第二天的清晨才回到住处。归来的途中，我们突然看见一辆马车驶来，拉车的两匹马受到我们自行车的惊吓，飞奔起来，我们赶紧下了大路，穿过翻耕过的田地，走了很久，才到了高处，重新回到大路上来。这个时候，月亮已经若隐若现，太阳即将升起，牛栏中的奶牛睁着温驯的眼睛一本正经地瞅着我们。

春天的贡比涅森林同样令我们着迷。大片的绿叶浓荫，一眼望不到尽头，林间长满长春花与野葵，令人目不暇接，美不胜收。对于皮埃尔来说，枫丹白露森林边缘和鲁安河畔同样也是赏心悦目的去处。我们喜爱布列塔尼海边的平静氛围和它那长满一片片金雀花与欧石楠的田野，这片田野一直延伸到菲尼斯代尔海角，海角纵横交错，伸入永远对它进行侵蚀的汹涌波涛之中。

后来，我们的孩子出生了，我们不放弃远游，而选择一个固定的地方度假。在度假的村子里，我们尽量简单地生活，与偏僻村庄的村民没有什么两样，以至于别人分辨不出我们来。我记得有一天，一个美国记者在普尔杜村找到我们的时候，被自己眼前的一幕惊呆了。当时我正坐在屋前的石台阶上，忙着将进到鞋里的沙子倒空。不过，他愣了没有多大一会儿，就顺势坐在我的身旁，掏出记事本，记录着我对他的提问所做的回答。

我与皮埃尔的父母建立起了最诚挚的感情，我们经常到苏城去探望二老。结婚后，皮埃尔婚前住的房间永远空着留给我们去住。我和他的哥哥雅克·居里以及他的小家庭（他已经结婚，并且有了两个孩子）也相处得很好，我把他看作自己的哥哥，并且始终如此。

1897 年 9 月，我们的大女儿艾莱娜出生了，但是没过几天，皮埃尔竟然痛失他的母亲，于是他的父亲便搬过来和我们生活在一起。我们当时住在巴黎克勒尔曼大街 108 号，那是一所带花园的房子，位于蒙苏里公园附近，我们一直住在那里，直到皮埃尔不幸去世。

有孩子后我们的研究工作难度加大，因为我需要腾出更多的时间来操持家务。幸运的是，我可以把女儿交给十分愿意照料她的爷爷去带。因为家里的人口增加了，又需要请保姆，所以我们需要动脑筋开源节流。因为我们一直在忙着研究放射性的问题，所以连续两年，我们的经济状况都未见改善，直到 1900 年，情况才有所好转，但那是以

牺牲我们搞科研的时间为代价换来的。

我们生活里没有任何的社交应酬，对于这类应酬，皮埃尔有着一种无法抑制的厌恶。不管是年轻的时候还是后来，他都不愿意去登门造访或是拉关系。他生性严肃，不爱多语，宁愿独自思考问题，也不愿意同别人闲聊瞎侃。不过，他和儿时的朋友们关系却很密切，和同样对科学有兴趣的朋友更是保持着经常性的联系。

在朋友中，里昂理学院的古伊教授和皮埃尔关系最为密切，他们在巴黎大学做教辅人员的时期就开始交往了。后来，他们经常通信，对科学问题进行讨论，每当古伊到巴黎进行短暂停留的时候，他们两个便聚在一起，讨论个没完。位于塞弗尔的国际度量衡标准局现任局长纪尧姆和皮埃尔也是老朋友了。他们两个经常在物理学会见面，到了星期天，两人有时候还去塞弗尔或者苏城相聚。后来，一些更年轻的朋友聚集在了皮埃尔的身边，这些朋友同他一样，都是进行物理和化学研究的，他们属于这两门科学最前沿领域的研究者：他的亲密朋友，在放射性研究方面的合作者德比埃纳；他在X射线研究方面的合作者乔治·萨涅克；他从前的学生，后来的法兰西学院教授保尔·朗之万；巴黎大学物理化学系教授让·佩兰；巴黎大学化学教授，曾经的物理和化学学校学生乔治·乌尔班。他们这些人经常到我们位于克勒尔曼大街的幽静住所来拜访，大家共同聊起最近的或是将来的实验，讨论起新的思路和新的理论，因当代物理学的飞速发展而感到振奋。

我们几乎从未邀请好多人在家里聚会，皮埃尔不喜欢那样。他认为少数几个人聚会更加惬意，并且除了一些学会会议之外，他很少参加其他会议。偶尔参加一个多人的会谈，假如他对谈话内容不感兴趣的话，就会躲在一个安静的角落里，一个人继续他的思考。

我们与家里的亲戚来往也不太频繁，因为两家的亲戚本来就不多，而且又相隔太远。不过，只要是我的亲戚来到巴黎或者是在假期里前来看我，皮埃尔对待他们就都很亲切和蔼。

1899 年，皮埃尔与我一起前往当时还在奥地利管辖下的波兰，到喀尔巴阡山区我的一个姐姐家。她是学医的，和德鲁斯基大夫结了婚，他俩在那儿经营着一家大型疗养院。尽管不太喜欢学外语，但是因为非常想要了解我所喜爱的东西，皮埃尔便想要学习波兰语了。这并不是受到了我的鼓励，因为我认为这种语言对他来讲并没有什么用处。不过，对于我的祖国，他有着深切的同情，认为将来波兰一定会独立自由的。

我一直非常想了解皮埃尔，在我们两人的共同生活中，我逐渐地对他有了一些了解，对他的思想也日益明白了。

他像刚结婚时我梦想的那样好，甚至更好。他出众的才能使我对他的崇敬感逐渐增加。他的水平之高是惊人的，有时候，我觉得他简直就是一个无可比拟的人，他没有丝毫的虚荣心和鄙俗——那是普通人在自己和他人身上经常会看到的缺点。

我想这就是他身上所散发出的无穷魅力所在吧，和他共处，是很难感受不到这种魅力的。无论是他沉思的面容，还是那双炯炯有神的眼睛，都有着巨大的吸引力。在这之后，我又发现他的和蔼可亲与温柔的性格，这时，他对我的吸引力就更大了。有时候，他会说觉得自己丝毫也不争强好胜，这话倒是一点不假。你很难和他发生争吵，因为他从来都不发火。他经常笑着说："我不怎么善于发火。"假如说他的朋友不多，那么他一个敌人都没有，这是因为他从来都不伤害别人，连不经意地伤害别人的事都从未发生过。不过，谁都不能让他背离自己的行为准则，为此，他的父亲就经常说他是个"温柔的固执者"。

他表达自己的看法总是率直而又坦诚，因为他坚信外交的方式通常是幼稚的，直截了当才是简单而又有效的方法。所以，他的天真率直是出了名的，其实他的这种做法是经过深思熟虑而不是发自本能的。也许正是因为他懂得自我评判和自我反省，才能够将他人的行为动机、意图和思想完全清晰地看出来。如果说他会将一些细枝末节忽视掉的话，那在根本的地方，他是很少出错的。他经常将他坚信不疑的判断存在心里不说出来，不过，一旦决定说出来或是认为说出来更好时，他就会毫无保留地将自己的看法说出来。

他对待科学界的朋友圈子从不尖刻，不为自尊心与个人情感所左右。他对所有成功的实验都会感到特别高兴，即便是在他未领先的某一个领域里的成功。他经常说："虽然我没有发表研究成果而别人发表了，可那又有什么关系呢？"他觉得在科学方面，大家应该去关心的是事而并非人。只要是争拔头筹的想法都同他的情感互相冲突，所以他甚至对中学里的会考或是排名次的方法及颁发荣誉证书的做法都表示坚决反对。对于那些被他认为有从事科学事业能力的人他都不吝赐教，支持鼓励，其中有的人至今仍旧对他怀有深深的感激之情。

假如说他的这种态度已经达到了人类文明顶峰的话，那他的行为举止则是一个真正的好人才有的。他非常随和，乐于助人而又宽容大度，这同他所受的教育是无法分开的。他总是时刻准备着尽自己最大努力地帮助任何一位身处困境中的人，并愿为此而牺牲自己部分的宝贵时间，这可是对他来说最大的牺牲。他的无私发自内心而又从不张扬，因为在他看来，钱财除了用来保证你的简单的生活之外，就是用来帮助他人与满足自己所热爱的工作需要。

我没法用语言将他对自己亲朋好友的爱描述出来。他的朋友不是很多，但是一旦成为他的朋友，那么他给你的友谊绝对是最忠实且又最可靠的，因为它建立的基础是共同的思想观念。他与他哥哥的手足之情和对我的爱是多么的可贵呀！他的温情令人感觉无比的幸福和甜蜜。被他关怀，真的是妙不可言，但是失去了这份爱之后，现实就显得更加残酷，令人难以忍受。他对我深深的爱可以从他的一段话看出来：

> 我想念你，你已经融入了我的生命之中，可我还希望你给我一些新的力量。我认为我在将思想集中到你身上的时候——就像现在这样——我心中就会出现你的身影，就仿佛能够看到你的一举一动，就能使你感觉到此时此刻的我已经完全属于你了，但我却没有能够看到你出现在我的面前。

对于自己的身体状况，我们缺乏信心，对于体力在这样艰难的环境中是否能支持住也没有太大的把握。像深知共同生活的宝贵的人们经常担心的那样，我们不时地会害怕有悲剧发生。每到这个时候，他总是凭借自己的勇气说出这样的话语："不管发生什么事情，即便是一个人变成了没有灵魂的躯体，另外一个也还要努力地工作下去。"

镭的发现

前面我已经讲过1897年皮埃尔在进行晶体的生成研究。暑假开始的时候，我也完成了淬火钢的研究，并因此获得了由国家工业奖励协会颁发的少量补贴金。9月份，大女儿艾莱娜出生了，我在身体复原之后，便又继续回到实验室工作，为我的博士论文做准备。

1896年，亨利·贝克莱尔发现了一个奇异的现象，这吸引了我们的注意。当时，伦琴发现了X射线，因此许多物理学家开始对荧光物质能否在阳光照射下发射出类似X射线的射线进行研究。亨利·贝克莱尔在对铀盐进行研究时，竟然意外地发现了一个现象，这个现象与他正在探求的完全不同：铀盐能够自发地发射出射线，这种射线的性质非常独特。放射性就是这样发现的。

下面是亨利·贝克莱尔发现的现象：将铀盐放在相片的底片上，底片用黑纸裹得严严实实的，将它在暗处放上几天，底片上就会显出一个影像来，这个影像同在日光对铀盐进行照射的情况下得到的影像相近。这种显影是由铀射线穿透黑纸造成的。这种铀射线可以像 X 射线一样，令验电器放电，使验电器四周的空气成为导电体。

亨利·贝克莱尔坚信，铀盐的这种特性与在暗处存放的时间长短无关，即使把它放在暗处数日，它的放射性的特性仍会存在。因此，就必然要问，这种能量来自何处？虽然这种能量小到几乎可以忽略不计，但它却不断地从铀盐中放射出来。

我们感觉这个现象很有意思，决定进行研究，特别是这个现象是全新的，还无人问津。因此我决定对这一问题展开探究。

要进行实验研究，就必须有研究场所。获得校长的批准，皮埃尔将一楼的一间带有玻璃门窗的屋子收拾出来给我使用。这是一间原是用作储藏室，并兼作机修间的屋子。

要对贝克莱尔获得的结果进行深入的研究，就必须进行精确的定量测量。铀盐辐射出的射线于空气中所产生的传导性是最适合进行计量的现象。这种现象名叫电离作用，X 射线也具有这种现象，并且 X 射线的那些重要特性也是刚刚从电离现象中获知的。

我可以用皮埃尔和雅克·居里兄弟两个发明的仪器，对铀盐辐射经过空气时使空气离子化而产生的微弱电流进行测量，具体方法就是利用电离作用所引起的微小电流含有的电量，于一极灵敏的静电计中，同一压电石英结晶所得的电量相平衡，从而对极微小的电流进行计量。这样，我们的仪器设备就一定要有一个居里静电计和一块压电石英晶体及电离室。一个平板电容器构成了电离室，其上板同静电计相连，而下板则涂有薄薄的一层需要进行计量的物质。在下板，还需要加上一定量的电压。这种仪器在潮湿狭小的底层很不适用。

铀盐的放射性可以被准确地测出，这一结论已通过我的实验证实了，并且铀盐的这种放射性属于铀元素的原子特性之一，它的强度只和化合物中含有铀的数量成正比，而不受化合物的化学性质同外界的光与热的影响。

我又开始着手对其他物质是否具有放射性质进行研究，于是我将当时已知的不管是纯元素还是其化合物全部都分析研究了一遍。结果，发现只有钍的化合物能够放射出同铀类似的射线。钍的放射性强度和铀处在同一水平，而且钍的放射性也是它的特性。

自那时起，我决定为铀和钍等物质所显示的新性质起

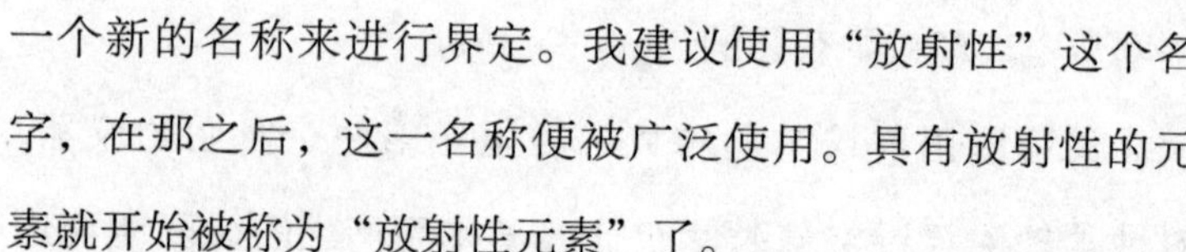

一个新的名称来进行界定。我建议使用“放射性”这个名字，在那之后，这一名称便被广泛使用。具有放射性的元素就开始被称为“放射性元素”了。

我在研究的过程中不但分析研究了一些简单化合物，如各种盐和氧化物，还分析了一些矿物。我发现它们中的几种含有铀与钍的矿物也具有放射性，但是它们的放射性似乎不是很正常，因为它们所具有的放射性的强度比纯铀或是纯钍的还要强。

这种反常令我们感到吃惊，当我完全确定这不是实验产生的错误时，就必须要为这种反常的现象寻出一种答案来。于是，我就假设在含有铀与钍的矿物中有少量的、另一种比铀或钍的放射性更强的元素。这种元素不是人们已知的元素，我们已经对于已知元素做了分析研究，所以说，这大概是一种全新的化学元素。

我迫不及待地想要早日证实这种假设。皮埃尔对这个问题也很感兴趣，他将他的晶体研究搁置下来——他还认为只是暂时地搁置一下呢——和我共同寻找这个全新的元素。

我们选取了一种名叫沥青矿物的含铀矿石进行实验，在纯净状态下，它的放射性要比铀强四倍。因为经过精确的化学分析后，这种矿石的成分已经被掌握了，所以我们能够期待从中至少找到百分之一的这种新元素。到了后来，我们确实是从研究中发现了包含在铀沥青矿物中的一种新元素，但是它的含量甚微，还不够百万分之一。

我们在研究中用的是以放射性现象为基础的新化学分析法。先运用普通的化学分析法使铀沥青矿的各个组成部分相分离，然后再于合适的条件下，对各个组成部分的放射性进行计量。通过这种方法，我们就能够了解所分析出来的部分放射性元素的化学特性，了解到这种放射性元素于部分物质中的浓度在增强。没过多久，我们就又发现这种未知的元素主要集中于两种不同的化合物之中，所以我们确定在铀沥青矿石里，至少含有两种还不为人所知的新放射性元素，我们分别将它们命名为钋和镭。1898 年 7 月，我们对外宣布了钋的发现，同年 12 月，我们又宣布了镭的发现。①

尽管研究进展非常迅速，但是这项研究并没有完成。我们认为，这两种全新的放射性元素是肯定存在的，但是必须将它们分离出来，才能让化学家们认可。但是，钋和镭的含量在我们已经获得的放射性很强的（比铀要强数百倍）化合物中，却是微乎其微的。钋同铀沥青矿石中提取

① 我们是与贝蒙一起对镭的发现进行宣布的，因为他和我们合作进行过实验。——作者注

出来的铋相化合；镭则同钡相化合。我们已经知道用什么方法可以把钋和镭从铋与钡的化合物中分离出来。不过进行这种分离需要大量的铀沥青矿石。正是在这一研究阶段，因为我们地方狭窄、资金缺乏和人手不足而令实验受到阻碍。

铀沥青非常昂贵，我们无法买到足够多的矿石进行研究。在当时这种矿石的主要产地是圣约阿希姆斯塔尔，位于波希米亚，奥地利政府在那儿建立了一个矿，用来进行铀矿石开采。根据我们的推测，提炼完铀之后所抛弃的矿渣中肯定会含有镭与部分的钋，而在当时，这种矿渣被认为是废弃物。幸亏有维也纳科学院的帮助，我们才用少量的钱购到了好几吨这种矿渣来作为实验材料。开始的时候，实验所用的经费都由我们自掏腰包，到了后来我们才得到了一点补助和一点外界的资助。

实验场所问题是最为严重的问题，我们不知道有什么地方可以用来做化学实验。最后我们不得不在一个与我放置静电仪器的房间相邻的废置的仓库里进行实验。这间仓库是个木棚子，地面是沥青，棚顶是玻璃的，因为年久失修，早已破旧不堪，每到雨天就会漏雨。木棚里仅有几张破旧的松木桌子，一只很难烧热的铸铁取暖炉和一块黑板，皮埃尔经常喜欢在那块黑板上面写写算算。木棚子里没有通风排气设备，而进行化学实验难免会产生有毒气体，所以有时候我们不得不搬到院子里去做实验。但是，一旦遇上刮风下雨，我们就只能在敞开窗户的棚子里做实验了。就是在这间破旧的棚子里，我们发现了镭。

我们在这个临时的实验室里干了整整两年，几乎没有任何帮手。我们两个一起既做化学分析，又对我们所获得的渐渐增多的放射性提炼物质进行研究。到了后来，我们不得不分开各自进行：皮埃尔继续对镭的放射性进行研究，我进行化学分析，以便提取纯净的镭盐。而由我进行处理的原材料一次往往多达 20 公斤，所以在木棚子里到处都堆放着盛满液体与沉淀物的大容器。我要搬动它们，往里面倒水，并用大铁棒搅拌一口大铁锅里沸腾的铀沥青矿渣，一搅就是几个小时，实在是非常累人。我将含有镭的钡化合物（它的成分为氧化钡）从矿石中提炼出来之后，再运用分步结晶法对其进行分离、提取。最后，全部镭元素都集中到最难溶解的化合物当中。必须使用特别精密的操作方法，才能将这种结晶提取出来，而这在我们那间木棚子里几乎是不能实现的，因为里面充满了灰尘与煤烟，肯定会影响到结晶的纯净度。一年之后我们从得到的结果中发现，镭元素的提取要比钋元素的提取容易得多，因此我们便集中力量先进行镭元素的提取。我们对所提取出来的镭盐进行了放射性能力的测定研究。我们还将一些镭盐的样

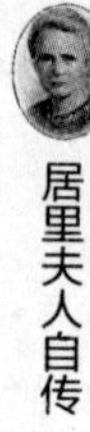

本借给了好几位科学家使用，尤其是亨利·贝克莱尔。

1899 年到 1900 年间，我们夫妻俩一起发表了几篇论文，有一篇是关于镭所产生的感应放射性的发现，另一篇是关于放射线的作用，如发光、化学作用等，还有一篇是对放射线所携带的电荷问题进行论述的。除此之外，还有一份是关于新的放射性物质与其放射性的总结报告。

皮埃尔出席了 1900 年在巴黎召开的物理学会大会，带着他发明的对镭射线进行过测量的晶体验电器。此外，他还发表了一篇研究报告，是和磁场影响放射线有关的。

我们和其他几位科学家展示了在这段时期内所取得的主要成果，并对这属于三种不同范畴的射线进行了展示，使人们认识了镭放射出射线的性质。镭放射出一些带有放射性的微小粒子束，它的运行速度极快，其中那些带着正电的构成 α 射线，其他的那些更加细小，带着负电的构成 β 射线。在运动过程中，这两组射线受到磁场的影响；由 γ 射线组成的第三组射线，不受磁场的影响，现在，我们知道它是同光和 X 射线相类似的一种辐射。

我们获得的富含镭的化合物全部能够自行发光，这一现象令我们感到尤为有趣。皮埃尔曾经希望它们会有丰富的色彩，却没有想到它们会有发光的特性，这极大地超出了他的预料。

1900年的物理学会年会给我们提供了机会，我们将有关新放射性元素的最新研究成果，仔细地向国外的科学家们做了介绍。这种新的放射性物质成了这次大会参与者们关注的焦点。

因为这种意想不到的发现，所以这一时期我们把全部身心都投入到了这个新领域的研究中去了。虽然研究条件不是很好，我们仍然感到非常的幸福快乐。几乎一整天我们都要待在实验室里，午饭也就随便凑合一下。我们那破旧的木棚子里，充满着宁静与平和的气氛。有的时候，在对一次实验完成了观察，等待结果的时候，我们便一边在木棚子里来回踱步，一边谈论当前与未来的研究。当我们感觉到冷的时候，就喝一杯火炉上煨着的热茶来暖暖身子。我们好像生活在梦境中一般，心里想着的只有实验研究。

有时，在吃完晚饭后，我们又回到木棚里，去瞅上一眼劳动成果。由于没有地方收藏，我们的宝贝成果全都被摊放在桌子上和木板上。不管从哪个角度去看，都可以看到它们那发出微光的身影，而我们每次看到这些似乎是悬浮于黑暗之中的幽幽亮光，都会感到无比的激动与迷恋。

虽然学校没有为皮埃尔指派助手，不过在皮埃尔任实验室主任的时候，有一个帮工协助他进行操作，直到现在，只要是有时间，这个帮工仍旧会来协助皮埃尔进行实验。

这个真诚的人名叫佩蒂，和我们的感情很好，并且很愿意帮助我们。他心地善良并且对我们的成败非常关心，因为有他帮忙，我们省却了不少的麻烦。

一开始，只有我们二人进行放射性研究，后来，随着任务的扩大，就越来越需要同他人进行合作了。1898 年，学校里的一位实验室主任贝蒙就同我们临时合作过。1900 年前后，皮埃尔同安德烈·德比埃纳相识了。后者是弗里代尔教授的助教，一位年轻的化学家，弗里代尔教授对他评价很高。在皮埃尔的建议下，安德烈·德比埃纳很高兴地同意了参与放射学的研究。当时，我们怀疑在铁族和稀土族元素中可能有一种新的放射性元素存在，就让安德烈专门进行这方面的研究。最后，他终于发现了这种被命名为锕的新元素。尽管他是在巴黎大学让·佩兰教授所领导的理化实验室做这一研究的，但他却经常到我们的木棚实验室里看望我们，没过多久，他就成了我们非常亲密的朋友，后来他还成了皮埃尔父亲和我的孩子们的朋友。

大约在同一时期，一位年轻的物理学家乔治·萨涅克，在进行有关 X 射线的研究，他经常到我们实验室同皮埃尔进行讨论，他认为 X 射线同它附带产生的射线及放射性物质产生的射线之间，可能会有相似之处。他提议对此进行研究，于是他们两人便一起对那些附带射线携带着的电荷进行了研究。

除了我们的合作者之外，我们很少在实验室里接待别的人。因为皮埃尔在物理学的多个领域内已经颇有名气了，所以不时地会有一些物理学家或者化学家来对我们的实验进行参观，或是向皮埃尔求教。他们一来，就会到黑板前进行讨论。这种讨论至今仍旧令人回味无穷，因为它们能够激起人们对于科学的兴趣，催人奋进，同时又能激发人们的想象力，有助于人们进行积极的思考，而这并不会扰乱实验室真正宁静、肃穆的气氛。

缺乏关怀下的奋斗

尽管我们一心想把精力全部都投入到实验研究中去，并且在生活上一直克勤克俭，但是，到了1900年左右，我们还是不得不想办法来维持生活了。对能否在巴黎获得一个好些的教职，皮埃尔是不抱太大希望的，尽管这种职位薪酬并不丰厚，但还是能够满足一个没有其他经济来源而又对生活水平要求不高的家庭生活所需的。他没有在巴黎高等师范学校和巴黎高等综合工艺学校接受过教育，因此缺少这类重点大学对本校毕业生的支持，这些支持往往是决定性的。本来，他可以凭借自己的业绩谋求的一些职位，都被别人抢占了，根本没有人想起过他。1898年初，巴黎大学物理化学讲座的主讲教授萨莱去世，这一教席出现了空缺，皮埃尔便去申请这一职位，但却无功而返。这次失败使他坚信了自己同升迁无缘。1900 年 3 月，他出任巴黎高等综合工艺学校辅导教师，但是也只有半年时间。

1900 年春天，我们得到了一个出人意料的消息：日内瓦大学聘请皮埃尔担任物理学讲座教授。日内瓦大学校长以非常诚挚的态度向他发出了这一邀请，并强调说他将为请到皮埃尔这样著名的科学家来他们学校任教做出特殊的努力。校长声称，他们将会给皮埃尔以优厚的待遇，还将为他建立一个物理实验室，用来满足我们的科研需求，而且还同时聘请我到那个实验室去工作。这一建议当然值得我们好好考虑。所以，我们便去日内瓦大学参观了一次，并在那里受到了非常热烈的欢迎。

对于我们而言，是否任职日内瓦大学关系重大。日内瓦大学提供给我们的物质待遇十分丰厚，并且那里的生活环境清幽，如同田园一般。皮埃尔非常想去，但是考虑到镭研究正处于关键的时期，最后他还是婉言谢绝了。因为他确实非常担心，环境的改变会令镭的研究中断。

正好在此时，巴黎大学 P.C.N.[①] 课程中物理课教席出现空缺，皮埃尔便对这一职位提出了申请，亨利·普安卡雷不希望皮埃尔离开巴黎，由于他的鼎力相助，皮埃尔才

① “物理、化学与博物学”的缩写。

获得了这一教席。这个时候，我也接受了聘请，到塞弗尔女子高等师范学校去讲授物理课程。

因此，我们留在了巴黎，收入也有所提高。不过，这却很大地影响了我们的研究工作。皮埃尔有两处教学任务，并且 P.C.N. 的课是大课，学生又很多，备起课来费时费力。而我也必须拿出很多时间去为塞弗尔女子高等师范学校的课程做准备，还要组织学生们进行实验，因为我觉得她们的操作能力很不够。

虽然在巴黎大学拥有了新职位，但学校并没有为他配备实验室，他只有一间小小的办公室与一间供他讲课用的大教室。这间大教室在巴黎大学内的一幢附属建筑物里（位于居维埃街 12 号）。但是，皮埃尔是肯定需要独自进行研究的，并且，他在巴黎大学担任了新职，于是他便更加坚定不移地挑选出一些学生，指导他们来进行研究，这样做也是由当时放射性研究大有进展的现状所决定的。于是，他开始四处奔走，想要争取到大一些的、能够用来进行实验的场所。只要是做过这类申请的人都非常清楚其中的艰难，包括行政审批、财政困难在内的阻碍不一而足，为了达到目的，必须一次又一次地写信并且奔走，四处求人帮助，这个过程使人心烦气馁，并且皮埃尔又最讨厌做这种事情，所以他更是被搞得精疲力竭，垂头丧气。除此之外，他还必须经常在 P.C.N. 和一直被我们占用为实验室的物理和化学学校的那个木棚之间穿梭往来。

另外，在这个时候，我们的研究工作需要采用工业手段来对原材料进行处理，否则将停滞不前。由于想出了一些权宜之计并有一些自愿相助的人帮忙，这一问题总算得到了解决。

早在 1899 年，皮埃尔就采用一种临时装置组织了第一次工业处理实验并取得了成功，这个装置是由化学品研究中心提供的，他同该中心在制作精密天平的时候有过联系。他同德比埃纳在技术上对用工业方法提炼镭的实验做过细致的研究，所以在实验正式进行时，效果是非常不错的。当然，因为做这种化学实验要求非常小心、细致，所以必须培养一些专门人才。

在我们的研究工作的带动下，国外的科学家也开始进行一些类似的实验了。对此，皮埃尔的态度完全是大公无私的。在征得我的同意后，他决定不凭借我们的发现来获取任何物质利益，因此我们没有申请任何专利，并且毫无保留地对我们研究的所有成果以及镭的提炼方法进行了公布。除此之外，我们还向那些对此感兴趣的人提供了他们所需要的全部资料。对于制镭工业，这是大有好处的，因此，这一工业在法国，继而在国外快速地发展起来，它为

科学家及医生们提供了需要的产品。直到今天，制镭工业仍旧几乎一成不变地使用着我们运用过的方法。①

尽管我们采用的工业处理原材料的方法收到了不错的效果，但是由于各种条件限制，我们难以进行下去。法国企业家阿尔梅·德·里斯勒对这个实验很感兴趣，1904 年他便想到要兴建一座大型制镭工厂，用来向医生们提供镭产品，因为当时有很多的文章介绍镭在生物与治疗上的效用，医生们对此非常感兴趣。在当时，他的这一想法可以说是非常大胆。由于雇用了一些接受过我们培训的人——尤其是奥德潘与达纳——来进行这种精细的工作，所以他这个计划实施得很成功。因此，镭便开始正式地在市场上进行销售，但售价也非常昂贵，因为它的制作过程十分复杂，而且原材料的价格也涨价很快。②

在此，我深切地向阿尔梅·德·里斯勒表示感谢，他主动帮助我们，无私地将他的工厂中的一小块地方划给我们使用，还资助了部分经费让我们用于在那儿进行研究。

---

① 在我最近对美国进行的一次访问中，美国妇女界大方地将一克镭赠送给我。布法洛自然科学协会还将一本会刊送给我，以作留念。这本刊物对美国镭工业发展情况进行了叙述，里面还刊登了皮埃尔为答复美国工程师们所写的一封信的影印件。在信中，皮埃尔详尽地回答了他们所提出的问题。这些事情发生在 1902 至 1903 年间。——作者注

② 一毫克镭的价值为 750 法郎左右。——作者注

除此之外，其他的一些资金均是来自一些补助或是由我们自己筹备的，其中最大的一笔是科学院在1902年给的，高达两万法郎。

这样，我们用以前所拥有的铀沥青矿提炼出一定数量的镭，用于日常研究。从原矿石中对含镭的钡盐进行提炼的过程是在工厂里进行的，我则负责在实验室里进行精炼与部分结晶的工作。1902年，我成功地将一分克的纯氯化镭提炼了出来，这样就能够获得镭元素的光谱了。我首次将镭元素的原子量测了出来，它的数值远远高于钡的数值。这样，镭在化学元素周期表中新元素的地位确立了，不会再有人对此产生质疑。

据此，我在1903年完成了我的博士论文。

到后来，为实验室所提炼的镭的数量就增多了。1907年，我开始对镭的原子量进行第二次测定，这一次更为精确，测出的结果为226，而现在所用的镭原子量就是226。我还同德比埃纳共同提炼出了纯金属镭。被我提炼出的镭共有1克多一点，在皮埃尔的支持下，我将它们全部放到实验室里使用。

纯净镭具备的放射能力比我们原来估计的还要高，在同样的重量下，纯净镭的放射能力要比铀的大一百万倍。依此类推，铀沥青矿石中所含有的镭和铀的比例大概是三分

克比一吨。这两种物质之间的关系十分紧密，在矿石中，它们总是同时出现。今天，我们知道矿石中的镭是由铀衰变而成的。

到 P.C.N. 任教的那几年，对于皮埃尔来说，是非常艰难的。众多必须要面对的劳心事，令他忙得不可开交，只有将精力集中于一个固定的目标才会使他觉得快乐。课程太多，体力消耗过大，他已不堪重负，经常感到浑身酸痛。

对他而言，迫切需要的就是减轻教学任务，节省体力，以保证身体健康。所以，当巴黎大学矿物学讲座有教授职务空缺时，他便决心申请这一职位，并且他完全有资格胜任，因为在这方面，他有很深的造诣，并且还就晶体物理方面发表过重要文章。但是，他却没能够获得委任。

在这么艰难的时期，他竟然凭借超常的努力完成了好几项研究并将成果进行发表，有的是他单独做的，有的是和人合作完成的。主要包括：感应放射性研究（部分同德比埃纳合作，部分同达纳合作）；镭射线和 X 射线于电解质液体中所引起的导电性研究；镭射气的衰减律以及镭射气同其沉淀物的放射性常数研究；镭对热量释放的发现（同拉波德合作）；镭射气于空气中漫射的研究（同达纳合作）；温泉所产生气体的放射性研究（同拉波德合作）；镭射线生理影响的研究（同亨利·贝克莱尔合作）；镭射气生理效应的研究（同布萨尔与巴尔塔扎尔合作）；对决定磁性常数仪器的简介（同什纳沃合作）。

前面所讲种种对放射性的研究都是基础性的，所涵盖的范围十分广泛，其中有好几项是对镭射气进行的研究。这种气体是由镭产生的一种奇异的气体，镭所具有的大部分强烈的放射性都是由它产生的。经过深入的研究，皮埃尔发现了镭射气能够自行衰变，继而消失的现象，并且它的衰变过程有自己的一定规律，而不受到外界的任何影响。在今天，一般情况下，镭射气都是由细小的玻璃瓶来收集的，医生们经常用它来治病。从技术角度来看，用它来直接治疗比用镭更加方便。但是，凡是医生们要使用镭射气的时候，都必须查阅数学图表，来掌握镭射气每天的衰减数量。虽然被密封在细小的玻璃瓶里，但镭射气是照样要衰减的。一些泉水之所以因为能够治病而名气大振，也是由于泉水中含有少量镭射气的缘故。

在皮埃尔的研究中，最为惊人的是发现了镭可以产生热量。通常情况下，虽然镭的表面没有显示出什么变化，但它每小时所产生的热量却足以将与它本身重量相等的冰块融化。如果将这热量保护好使其不向外面消散的话，镭本身就会发热，温度可以高达10℃，高于它周围空气的温度。这种现象是完全不同于当时的科学实验数据的。

最后，我不得不提到镭对人的生理效用的各项实验研究，因为镭具有明显的消肿作用。

为了验证吉塞尔刚发表过的这项研究结果，皮埃尔亲自上阵，将自己的胳膊置于镭的照射下几个小时。结果，他的皮肤受到伤害，就像是灼伤一样，并且向四周扩展，过了好几个月才恢复原样。亨利·贝克莱尔在将一支装有镭盐的玻璃管放到西服背心口袋里时，也曾意外地被灼伤过。他跑过来对我们讲述镭对他的伤害时，又喜又怒地叫嚷道："我真爱它，可又恨它。"

掌握镭对生理具有重大效用后，皮埃尔便开始同医生们合作，共同进行动物实验。镭疗方法的起步点就是这些实验研究。实验开始时所使用的镭都是由皮埃尔提供的，用于治疗狼疮和其他一些皮肤病。就这样，通常被称为"居里疗法"的镭疗法，作为医学上的重要分支，就在法国应运而生了，后来经过一些法国医生（例如丹洛斯、威克汉姆、多光尼西和德格莱等）的研究，这一疗法得到了更大的发展。①

① 这些著名的医生都被企业家阿尔梅·德·里斯勒大力资助过，他向他们捐赠了开始做实验时所必不可少的镭。除此之外，1898 年，他还创建了一座备有必不可少的镭的临床医学实验室，并且还资助了一家名为《镭》的专业杂志，旨在对放射学及其应用进行研讨。达纳任该杂志的主编。这是企业家自愿对科学进行支持的一个典范，在今天也实属罕见，希望这种支持能够越来越普遍，这样的话，企业家和科学家能够在合作中共同获益。——作者注

与此同时，国外科学家也在积极地研究放射学，新的发现不停地涌现。许多科学家积极地寻找其他放射性元素，在这期间运用了我们所发明的新的化学分析法。据此，人们很快便发现了由工业大规模制造，在医学上被经常使用的新钍，以及放射性钍、镤、锕等物质。到如今，我们已经知道的放射性元素有三十多种，其中有三种是射气。在这三十多种放射性元素中，镭仍旧占据着最为重要的地位，因为它具有很强的放射性，而它的衰减非常缓慢。

对放射学这门新学科来说，1903 年是发展中十分重要的一年。这一年，在法国，对镭进行的研究刚刚结束，皮埃尔就发现了一种惊人的现象：这种新元素可以在表面没有任何损伤的情况下散发出热量。在英国，拉姆塞与索迪宣布了一个重大发现：通过他们的观察可知，镭能够持续不断地发出氦气，这就说明原子一定是会变化的。如果我们将镭盐加热到它的熔点后将它密存于完全真空状态的玻璃管里，然后再次加热，令它放出少量的氮气，便可以运用光谱仪来对氦气的存在进行确定了。经过几次重复这个重要实验，镭可以放出氦气这一论断完全得到了证实。它为我们提供了原子能够变化的第一个例证。当然，对于这种变化，我们是无法控制的，但却推翻了原子不能够被改变的理论。

吕特福和索迪对这些情况与我们已知的情况进行了综合概括，并提出了现在已被大家所接受的放射蜕变的理论。根据这一理论可以看出，任何放射性元素，即使是它表面上没有任何变化，它的内部也都在自行蜕变，速度越快，放射性就越强。①

放射性原子通过两种方式发生蜕变：一是原子自身发射出一个速度飞快并且带有正电的粒子，即 α 射线；二是原子自身发射出我们于现代物理学中已经十分熟悉的电子，即 β 射线。电子在速度不是很快时，它的质量仅是原子量的一千八百分之一，不过当它的速度同光速接近时，其质量便会大大增加。各种放射性原子，不管是通过哪一种方式进行蜕变之后，剩下的原子就和原来的原子不相同了。剩下的原子还会继续蜕变，蜕变得直到它不再具有任何放射性，成为一个稳定的原子为止。这种原子就是非放射性元素。

因此，α 射线与 β 射线都是经过原子分裂得来的，而 γ 射线则与 α 射线和 β 射线不同，它是由原子蜕变所产

① 早在吕特福和索迪进行证实之前，皮埃尔和我就已经预料到了对放射性与原子变化及其他一些假设（参阅居里夫人所著《科学杂志》，1900 年）。——作者注

生的一种与光相似的辐射。这些射线都具有很强的穿透性能，近些年来一直被用来进行治疗。①

所以，放射性元素分为好几族，每一族中的元素都是从它前面的一个元素蜕变而来，而铀和钍是每一族中的原始元素。我们尤其可以证实，铀产生了镭，而镭又产生了钋。既然每个放射性元素都由其母体产生，又自行蜕变并且产生其他放射性元素，那么，这些元素同它们母体并存时，它的数量就不会超过固定的比例。正是因如此，在原始的矿石中，镭和铀的数量就有着一种固定不变的比例。

放射性元素的这种自行蜕变是按照规律进行的，这个规律被称为“指数定律”。根据这一定律，每个放射性元素的重量减少到它原来的一半时所需要的时间被称为“半衰期”，而任何一个放射性元素的半衰期都是不变的。知道了半衰期，便能够确定出某个元素的种类，完全不会有差错。每个元素的半衰期都不相同，测定的方法也有所不同。铀的半衰期为几十亿年，镭的则大约为一千六百年，它的射气周期不到四天，由镭射气直接蜕变而来的元素中，甚至

① 最近，吕特福利用 α 射线的内在能量将某些原子击碎，比如氰原子。——作者注

有的半衰期都不到一秒。这种指数定律表明蜕变是依照概率规律产生的，有着一种深远的哲学意义。到如今，决定蜕变的原因还是个谜团，我们还不清楚它是由原子外的偶然情况还是内部的不稳定性造成。总而言之，到目前为止，不管外在的什么干预都不能有效地对这种变化产生影响。

随着种种新的发现，我们所熟知的物理学与化学所遵循的各种科学性观念被推翻了。刚开始，这些发现还受到质疑，可是后来大部分科学家都认可了它们。与此同时，皮埃尔的名声也在法国和国外大振。早在1901年，法国科学院就授予过他拉卡兹奖了。1902年，曾经在以前多次给予他宝贵支持的马斯卡尔支持他申请法国科学院院士。皮埃尔很为难，因为他认为院士的遴选不应该靠竞选者本人四处活动，对在巴黎的院士们进行拜访而进行。但是，在马斯卡尔的多次友好相劝下，特别是科学院物理所的全体同仁早就声明要一致推荐他成为院士，他也就提出了自己的申请，但却未能成功，直到1905年，他才最终被接纳为院士，但成为院士还不到一年他就不幸遭遇车祸身亡了。他还在一些其他国家的院校以及科学界当选各种职务，并被许多大学授予名誉博士学位。

1903年，应英国皇家学会的邀请，皮埃尔和我一起前往英伦做关于镭的报告，并且受到了热烈的欢迎。他非常高兴能够在伦敦见到开尔文爵士。开尔文爵士向来都对皮埃尔很关心，虽然他当时年龄很大了，但对科学却始终保持着很大的关注。这位知名度很高的科学家经常自豪地将皮埃尔送给他的装有镭盐的玻璃瓶拿出来给人看。在那里，我们还见到了其他一些著名的科学家，如克鲁克斯、拉姆塞、德瓦等。德瓦还与皮埃尔合作，发表了一篇关于低温条件下镭放出的热量与镭盐产生氮气的研究报告。

几个月以后，皮埃尔和我接受了伦敦皇家学会授予的戴维奖章。就在这一时期，我们两人和贝克莱尔一起获得年度的诺贝尔物理学奖。由于健康问题，我们没有能够参加 12 月份在斯德哥尔摩举行的颁奖仪式，直到 1905 年 6 月，我们才到瑞典首都领取了这一奖项，在领奖仪式上，皮埃尔发表了讲话。在那里，我们受到了热烈的欢迎，还一起欣赏了瑞典夏季的美丽风光。

于我们而言，获得诺贝尔奖真的是一件不平凡的大事，这是因为这个新近成立的诺贝尔基金会（成立于 1901 年），具有崇高的威望。就经济方面来讲，哪怕是只有一半的奖金，其数额也是巨大的。在这之后，保尔·朗之万便替代了皮埃尔于物理和化学学校里面的教学任务。朗之万是皮

埃尔的学生，是一位非常有才气的物理学家。[①]皮埃尔还专门聘请了一位教辅人员，协助他进行实验研究。

出人意料的是，媒体对于这件幸福的大事的宣传不久便让我们不堪重负，因为对此我们既不习惯又没有做好心理准备。每天前来拜访我们的人络绎不绝，信件也像雪片一样飞来，有的约稿，有的邀请做报告，令我们应接不暇，既浪费了时间，又使自己疲惫不堪。皮埃尔是一个和蔼的人，他不喜欢一口拒绝别人的请求，但是他也非常清楚，这样下去也不是个办法，不仅他的身体不堪重负，而且清醒的头脑与研究的思绪都被搅乱了。在写给纪尧姆的一封信中，他说："他们老是要我写文章、做报告，如果时间就这么一年一年地过去，即便是那些让我写文章做报告的人也会惊讶地看到我的年华竟然被虚度，什么都没有干成。"

与此同时，他在写给古伊的几封信中也表达了同样的感慨。古伊将这些信转交给了我，在此，我应该向古伊表示诚挚的感谢。

---

① 保尔·朗之万曾经写过两篇有关皮埃尔的生活和事业的长文，一篇刊登在《物理和化学学校校友联谊会年鉴》（1904年）上，另一篇刊登在《当月》杂志（1906年）上。——作者注

像您所看到的那样，此刻幸运眷顾了我们，不过，这幸福的来临却也将无尽的烦恼带给了我们。我们还从来没有像现在这样不得安宁。有些日子，我们甚至连喘口气的时间都没有。我们可都是曾经梦想着要远离人群，到荒郊野外生活的人呀。

1902年3月20日

我亲爱的朋友：

我早就想写信给你了。请你原谅我如此拖拖拉拉的。可要是知道我此刻的日子是多么的荒唐和愚蠢，你就不会责怪我了。你已经看到了，镭成了现在的热门话题。这在一时间带给了我们种种的好运，令我们声名鹊起，因此，世界各国的记者与摄影师也都到处跟着我们：他们甚至将我女儿和保姆的谈话都作为新闻来炒作，连我们家的黑白花猫也都成为新闻明星了。除此之外，还有许多人请我们捐款。索要签名的人、权势贵族，甚至有时还有一些科学家也会找上门来，使得我们在洛蒙街的家都不像个家了。并且，在实验室里也无法安心地进行工作。每天晚上还要回复大

量的信件。我真是有点不胜其烦，整天都昏昏沉沉的。如果这么折腾，能够让我获得一个大学的教席与一间实验室的话，那还可以说得过去。可是说实话，教席之事还在计划之中，而一时半会儿，实验室也还没个踪影。我倒是希望先有实验室，但里亚德院长却认为应该趁着这个劲头儿先创立一门与法兰西学院相似的新课程，并且暂时不让明确大纲。这样一来，我每年都要编写教材，那就为我增添了许多麻烦。

1904 年 1 月 22 日

我不得不放弃了瑞典之行。就像你所见到的那样，我们已经完全违反了瑞典科学院的规定。说实话，我的身体实在太差了，稍微累一点就受不了。我妻子的健康状况和我一样。我都不敢想过去那些从事繁忙的研究工作的日子了。

说起研究工作，我现在什么都没做。每天只是讲课，指导学生，对仪器设备进行安装，并应付那些登门拜访却又没有什么要紧事的人，这些令我虚度时光，没有做成一点有意义的事情。

1905 年 1 月 31 日

我亲爱的朋友：

我们对于你今年没能前来我们家感到非常遗憾，希望十月份能够和您见面。如果不经常见面，人到最后就会失去了自己最要好的、亲密的朋友了，那样就只能去见其他一些没有什么关系的人，因为他们容易见到。

虽然我们仍旧忙碌，但却没做任何有意义的事情。我已经有一年多没进行研究了，但我也没有一点时间是属于自己的。显然，我还没有找到能够防止我们的时间被弄得支离破碎的办法，但是我必须找到它。因为理性地看，这可是有关生死存亡的大事。

1905 年 7 月 25 日

明天，我要讲授的课程就会正式开始，但是实验室还没有充分准备好，所以我的心里不是很高兴。我们在索邦上课，但实验室却在居维埃街。除此之外，还有几门其他课程也在我们上课的教室进行，我只能在上午利用这间教室好好地备备课。

虽然还没有卧床不起，但是我的健康状况却不是很好，老是感觉浑身无力，连实验研究也无法进行了。我的妻子则和我不同，她倒是充满活力的。除了照顾两个女儿之外，她还要到塞弗尔女子高等师范学校去讲课，另外，还要去实验室做实验，非常忙碌。她要比我强得多，每天有大半天的时间都在实验室里做实验或对学生进行指导。

1905 年 11 月 7 日

总的来说，尽管受到各种各样的外界干扰，但是通过我们的共同努力，我们的生活仍旧像以往那样简单，和周围的人交往较少。将近年末的时候，我们家又增添了一名新成员，二女儿艾娃·德尼斯在我们位于克勒尔曼大街的寓所里诞生了。同我们来往的朋友不多，只有皮埃尔的父亲一直和我们住在一起。

大女儿长大了，已经成了父亲的朋友。皮埃尔很注重对她的培养教育，只要有空闲的时间就会带她出去散步，尤其是在假日里。他经常和她一本正经地交谈，回答她提出的全部问题，并且因为她的头脑越来越聪明而十分高兴。在早年，孩子们得到了父亲细心的体贴与关爱，皮埃尔从来都是不知疲倦地试着去了解这些小家伙们，因为他想要尽可能地将最好的东西都给她们。

随着皮埃尔在国外的声望逐渐增高，皮埃尔也逐渐迎得了法国大众的崇敬。皮埃尔四十五岁时，已在法国科学家中名列前茅，但是，在教学岗位上，他的地位仍旧很低。这种非正常的状态引起了公众的不满。趁着这股舆论力量，巴黎科学院的里亚德院长提出要于巴黎大学创建出一个新的教席。1904 年—1905 年，皮埃尔被巴黎大学理学院授予正教授头衔。一年以后，他完全离开了物理和化学学校，在那里的职位由保尔·朗之万接替。

尽管巴黎大学设立了新教席，但是开始时出现了不小的困难。刚开始的计划是只设讲座而没有实验室。皮埃尔觉得接受了这个新的职位，却有可能失去目前他做实验用的、聊胜于无的实验室，而又没有新的实验室给他，这是没有办法接受的。所以，他便写信给上级，决定仍旧留在 P.C.N，而不接受新职。由于态度坚定，他获得了成功。除了设立了一个新教席之外，巴黎大学还为他划拨了经费，用来创建实验室和聘请工作人员。实验室的编制包括一名主任、一名助教与一名实验室杂役。实验室的主任由我担任，对于这个安排，皮埃尔也感到非常满意。

虽然我们在物理和化学学校的条件很艰苦，但伴随着实验研究，我们在那里度过了幸福的日日夜夜，现在一旦离开，难免会有一种恋恋不舍之情。那间属于我们的木棚实验室尤其令我们难以割舍。这座木棚又存在了几年，但

却日益破败，有时候，我们还回去看一看它。后来，物理和化学学校为了修建新校舍，就不得不将它给拆掉了，不过我们保留了几张它的照片。在拆除的那一天，忠实的佩蒂告知了我。那时，皮埃尔已经不在了。唉！我孤身一人过去看了它最后一眼。黑板上，仍然留有那个可以称为是这个木棚的灵魂的人的笔迹，木棚里的每一个角落似乎都留有他的痕迹，物是人非，现实中的一切就像噩梦一样，我真想看到那个高大的身影出现在我的眼前，真想再听到他那熟悉的声音。

尽管创办新讲座的决议已经得到大学委员的赞同，但是这并不代表着要同时创建一个实验室，而如果想要进一步对放射性这门新科学进行研究，实验室却是必不可少的。皮埃尔仍旧保留着在 P.C.N. 的那个小实验室，同时又借用了学校里的一个单独的大教室，并在院子里搭建了拥有两个房间的小屋与一个工作间。

当想到这就是法国政府对皮埃尔的最后帮助，有些令人伤心。一个二十岁便崭露头角的、法国一流的科学家却没有一个宽敞的、可供实验研究用的实验室，听起来简直令人感到不可思议。当然，假如他能够多活几年，是迟早会拥有令自己满意的工作条件的，不过，在他 47 岁英年早逝的时候，却仍旧未能如愿，这难道不让人感到痛心吗？

因为条件所限，一个为了伟大的事业宁愿无私奉献的科学家，却不能实现自己的科学梦想，这难道不令他遗憾终生吗？国家的巨额财富——它优秀的孩子的才华、毅力与勇气——就这样不可挽回地浪费掉了，令人回想起来真的好痛心！

对皮埃尔而言，他一直希望能够拥有一个好的实验室。1903 年，当他名声大振时，迫于压力，他的领导要求他接受荣誉骑士团勋章，他坚持自己一贯的原则，婉言谢绝了这一殊荣，像上一次他给物理和化学学校校长写信谢绝教育棕榈奖章一样，他又写信谢绝了荣誉骑士团勋章，他对于荣誉的态度始终未变。我引述他这封信中的一段话如下：

> 请代我向部长表示谢意，并请向部长先生转告，我不需要任何的奖赏，只希望能给我一个急需的实验室。

受聘成为巴黎大学教授以后，皮埃尔就要开设一门新课。课程内容的范围很广并由他自己确定，所以他有充分的自由对教材进行选择。利用这一良机他回到了自己热爱的课题上来，他将对称性定律、矢量和张量场研究等选定为部分教材内容，并将这些概念应用到晶体物理学中。他

想办法充实自己的讲课内容，使他的这门课程能够成为一个完整的晶体物理学课程，因为在法国还很少有人涉猎这一课题，所以它更为有用。除此之外，他还对放射性进行讲授，并对这一新领域里的科学发现和这些发现带来的科学革命进行讲授。

尽管他备课非常繁忙，身体又不好，但他仍旧坚持实验研究。实验室的组织管理在日渐好转。由于地方扩大了些，他能够接收几个学生共同进行研究。他同拉波德合作，对矿泉水以及泉水中释放出的气体的放射性进行了研究，并发表了研究报告，这也是他的最后一份研究报告。

这时是他才华登峰造极之时，我们钦佩于他深邃且又精辟的物理学理论，以及他中肯的演绎和对基本原理的透彻理解。在观察大自然的种种现象时，他天生地就拥有超凡的能力，又因为他毕生都在从事实验研究，所以他有着令人叹服的独到见解。他像艺术家那样对待他试制的精密仪器，并且乐此不疲。有时我会因此和他开玩笑说，如果每半年不弄出个新仪器来，他就会心痒难耐。他生来就好奇且拥有丰富的想象力，这使他可以同时涉足不同的领域，因此在改变研究课题时显得得心应手，这是其他人很难做到的。

他对发表研究报告非常诚实严谨，一丝不苟。即便是他的研究报告已经非常完善，他依然会以审视的目光对它进行修改，字斟句酌，如果有看上去不清楚的地方，就必须将它弄得无可挑剔才会罢手。下面是他在这一点上的说法：在进行未知现象的研究时，我们可以先做一些普通的假设，然后根据实验结果去逐渐地向前推进。这种按部就班且又稳妥可靠的做法效果当然是缓慢的。相反，我们也能够做出一些大胆的设想，先确定现象的机理。这种方法的优点是能够对某些实验进行设想，特别是能够有利于推论，使它通过一种图像而变得不那么抽象。与之相反，通过实验结果来对一个复杂理论进行寻找，那是难以想象的。精确的假设虽然含有一部分真理，但是必然又存在一部分错误。并且这一部分真理即便存在，也只不过是一般性见解，有一天还要回过头来对它重新进行审视。

虽然他会毫不犹豫地提出一些假设，但是在没有证实无误之前他是不会发表的。他不喜欢仓促地发表研究报告，而会先找几位研究人员进行平心静气的讨论。当放射性研究达到顶峰的时候，他却想到要暂时将这一方面的研究放下，重新将他中断了的晶体物理学研究拾起。另外，他还希望分析研究一些不同的理论问题。在讲课时，皮埃尔更是精益求精，认真负责，不管是对课程一般标准的要求，还是讲课的方法，他都认为应该以同实验与大自然的接触

为基础。当成立学院教授委员会时，他希望同仁们能够接受自己的观点，并且发表声明说："科学教育应该成为男子中学与女子中学的主修课程。"但他又说道："这么一个提议是不会被通过的。"

这个时期皮埃尔成果卓著，可惜他的生命却接近了尾声。正当期盼着今后的工作时光不会再像从前那样步履维艰的时候，他那辉煌的科学生涯却戛然而止了。

1906 年，皮埃尔因为长期过度劳累而感觉身体不适，所以在复活节期间我们带着两个孩子前往什弗勒兹山谷度假。这两天假期是美妙而又温馨的，伴随着暖融融的太阳，在亲人的身边休憩，皮埃尔的心情十分放松、舒畅，他带着两个女儿在草地上游戏，并与我谈论着当前和未来。

回到巴黎，他出席了一次物理学会召开的会议与晚餐会。席间，他同亨利·昔安卡雷坐在一起，就教学方法同他谈了很久。当我们徒步走在回家的路上时，他仍然在继续高谈他理想中的文化，对于他的看法，我表示赞同，他显得十分高兴。

第二天，1906 年 4 月 19 日，他出席了巴黎大学理学院教授委员会会议，并与教授们就委员会应采取的方针进行了诚恳的交谈。在会议结束后他走出会场，正穿过多菲纳街的时候，从新桥方向驶过来一辆运货马车，将他撞倒在地，马车的车轮从他头上碾过，导致他脑骨碎裂，当场死亡。一个优秀的人就这样离去了，人们寄予他的科学希望也随之破灭。在他的书房里，被他从乡间采摘回来的水毛茛仍旧盛开，但是主人却再也回不来了。

民族的悲痛

我不想在这里赘述皮埃尔的不幸逝世给我们家庭留下的伤痛。从我这本小书的描述中，大家可以看到，对他的父亲、兄长以及他的妻子，他是多么重要。他是一位高度负责的父亲，深爱着自己的一对女儿，喜爱陪同孩子们嬉戏，并耐心地与孩子交流沟通，可惜的是她俩当时年幼尚无法理解这场悲剧遗留给我们的压力。她们的祖父和我还不得不强忍内心的悲痛，尽力使她们的童年不因这场灾难蒙上阴影。

悲剧的消息传出后给法国以及世界各国的科学界带来不小的震撼。巴黎大学的校长和院长们以及教授们纷纷写信来表达沉痛的哀悼；同时，国外的部分科学家的唁电信函也不时传来。尽管皮埃尔在公开场合一向少言寡语，但仍给公众留下了深刻印象，拥有很高威望。从我所收到的或相识或不相识的为数众多的私人信函中，完全可以看出公众对他的去世的悲痛之情。与此同时，新闻界也发表了大量的悼文，表达深切的惋惜与哀悼之情。法国政府发来了唁电。另外还有一些国家元首也以个人名义发电表达沉痛哀悼。① 法国的一颗光芒四射的星星陨落了，举国上下都在哀悼国家的这一重大损失。

我们遵照逝者的心愿，丧事一切从简，将他的遗体安葬在位于苏城小墓园的家族墓穴中。彼时既无官方仪式，也无任何悼词，只有几位故友护送他前往他的安息地。他

---

① 我只想于大量的唁电唁函中选出今已辞世的三位伟大科学家的信函内容。

夫人：

我非常急切地想要向您表达我的深切悲痛。同您一样，法国及其他各国也失去了一位伟大的科学家。闻听噩耗，我们无不惊愕无语！我们本来期望着这样卓越的，为科学和人类做出了如此大的贡献的天才，能够做出更大的贡献，可是转瞬之间，斯人已去，空留嗟叹……

我于旅途中突闻这一噩耗，就像痛失了一位亲兄弟。在这之前，我并没有觉得同您的丈夫具有多深的感情，今天才意识到了。

贝特洛

夫人，希望您节哀顺变。

里普曼

忽闻噩耗，不胜惊愕。明天上午我即返回巴黎，前往府上吊唁。

开尔文

于戛纳圣马尔丹别墅

哥哥雅克回想已撒手尘寰的弟弟时，对我说：“他是个举世无双的天才，这世上再无人可与之相提并论。”

为使皮埃尔的未完成的事业能够继续下去，巴黎大学理学院提出让我接替他的教席。我深感荣幸，最终接受了他留下的这副重担，内心深切盼望着终有一天能够成功创建他曾呕心沥血却未能如愿的实验室，并使其他人也可以利用这个实验室来实现他们的梦想，以此作为对他的深切缅怀。如今这一愿望已实现了一部分，这多亏了巴黎大学与巴斯德研究所的协同倡议，有幸得以创立一个镭研所，其中内设两个研究室——居里研究实验室和巴斯德研究实验室，旨在研究镭射线所具有的物理化学特性及生物效用。另外，为了表达对逝去的伟人的怀念之情，通向镭研所的那条街正式更名为皮埃尔·居里街。

但是，这个研究所依现在来看仍无法满足需要，因为放射学及其在医学上的应用一直在飞速发展。眼下，最具权威的那些人也认为法国国内必须拥有一个能够与英国及美国并驾齐驱的镭研所，以便使镭更好地被用在临床治疗上，因为镭疗法已被公认为是治疗癌症最行之有效的手段。但愿在慷慨且开明之人士的赞助下，一个设施完备、规模庞大、无愧于我们国家的镭研室在不久之后能够诞生并逐渐发展壮大。[①]

法国的物理学会决定编订并出版皮埃尔·居里的论文全集藉此来缅怀他。这部全集由朗之万和Cheneveau主编，是六百页左右的一卷本，出版于1908年，并且我为该书写了一篇序言。这部单卷本论文集拥有广泛的题材，丰富的内容，忠实地展示了皮埃尔的思想精髓。我们从中可以看出论文作者视野之广阔，实验之精准，结果之明晰与确凿，无可指摘，并堪称经典，可惜的是他未能做到把自己的全部才华皆展现于其中。主要是他没有运用自己所具有的科学家和作家的才情来编写内容广泛的论文或书籍，也没有著书立说，当然并不是他不想去这么做，事实上他在这方面还有过不少的计划，只可惜均未能付诸实践，这是因为在他劳碌的一生中一直困难重重，他不得不与之抗争，且无暇他顾。

现在，让我们大体上来看一看我撰写的这本传记吧。我在试图追忆一个不屈不挠的、为了自己理想而奋斗的人，

① 这方面取得了很大的发展，由雷戈医生担纲，创建了一个医学治疗所。除此之外，一个专门的组织——居里基金会——也于1920年成立了，以便聚集发展镭研所必需的资金。亨利·德·罗希尔德医生是第一个给居里基金会捐赠巨款的人。

他的形象使整个人类感到无上光荣，他拥有伟大而纯洁的信念与天赋并默默无闻地为人类谋求幸福。他拥有那些独辟蹊径、开拓创新的人所具有的坚定信念，他深知自己肩负着一个必须完成的崇高的使命。青少年时期的神秘梦想不断地在驱使着他，叫他不要因循守旧，激励他走上一条被他称为反自然的新路，对他来说，这条路就意味着要放弃温馨的生活。然而，他坚定地使自己的思想和欲望服从了自己的梦想，并且越来越全部地适应了这种状况，由必然走向了自然。他只信任科学与理性平和的力量，所以他一生中都在寻找真理。在研究自然现象和对他人以及自己的理解之中，他既没有偏见，也不固执己见。他没有任何求取功名利禄的欲念，他淡泊权位和荣誉，所以他也没有一个敌人。皮埃尔严于律己，他那卓越的精神面貌使他成了任何文明时代都会具有的那种精英人物中的一员。他能够像历代的精英们一样，通过自己内在的力量在很大的程度上影响着他人。

可想而知，这样的生活需要多么大的牺牲精神。伟大的科学家们在实验室里的生活并不像许多人所想象的那样——是一首田园诗，而是同艰苦环境、内心的欲念所进行的一种艰难的斗争。伟大的发现是科学家日积月累得来的劳动成果，并不是科学家头脑里呼之即出的，也不是像智慧女神密涅瓦那样突然从主神朱庇特的脑子里冒出来。在取得成果之前，是有无数个日日夜夜都处于左右摇摆、犹豫不决中的，总是认为不会成功，似乎大自然在同自己作对，令人不免感到沮丧、失望，但却又必须鼓起勇气继续下去。皮埃尔从来没有丧失过信心，总是保持着不骄不躁，有时候他对我说："我们选择的生活真的是够艰难的。"

但是，社会如何回报这些富有才华的科学家，以及他们为人类所做出的巨大贡献呢？这些勇于追求理想的人，他们拥有必需的工作条件吗？他们可以在生活上没有后顾之忧吗？皮埃尔·居里和其他许多科学家的例子显示，他们简直是一无所有，为了争取到勉强说得过去的研究条件，往往要先为了日常琐事操心劳神，而将自己的青春年华与精力消耗殆尽。我们的社会物欲横流且又充满奢靡之风，它不懂得科学的价值，也不懂得科学是它最宝贵的精神财富，并且它还不太清楚科学是减轻人们生活负担、减轻痛苦等所有进步的基础。政府当局和私人的慷慨捐赠，到目前为止都还未能给科学以充足支持和资助，来使科学家们得以完全有效地进行研究。

这篇传记结束之前，我想引述巴斯德的、使人赞叹的呼吁：假如对人类有益的发明创造能打动您的心，如果您对电报、摄影术、麻醉术和其他许许多多的发明感到惊叹

的话，如果别的国家在这些奇异的发明上占了先，使您感到嫉妒的话，那么我恳求您多关心一下我们称之为实验室的这些神圣地方吧！要求对实验室进行增加吧，呼吁对它们的仪器设备进行完善吧，它们是未来的圣殿，是财富与幸福的圣殿。人类的发展壮大和日益强大，都源自那里。人类在那里学会读懂大自然的、进步的、宇宙和谐的杰作，但大自然的这些杰作往往又是凶残、疯狂与毁灭性的“杰作”。

居里夫人生平大事年表

1867 年 11 月 7 日生于波兰王国华沙。父亲是中学的数学教师，母亲是女子寄宿学校校长。

1873 年进私立寄宿学校读书。

1876 年 1 月，14 岁的大姐索菲娅因病去世。

1878 年 5 月 9 日，母亲因肺痨去世。

1881 年进入俄国人控制下的公立中学就读。

1883 年 6 月，以优异成绩中学毕业，并获得金质奖章。毕业后，因健康原因去乡间休养。

1884 年 9 月，返回华沙，做家教，并参加波兰爱国青年知识分子组织的“流动大学”，边学习边参加爱国活动。

1886 年只身到农村去当家庭教师，一直到 1889 年 6 月。

1890 年 9 月，回到华沙，第一次进入实验室，在表哥约瑟夫主持的工农业博物馆搞物理和化学实验。

1891年9月，赴巴黎求学。11月，以玛丽·斯可罗多夫斯卡的名字注册，入巴黎大学理学院物理系。

1893年7月，以第一名的优异成绩通过物理学学士学位考试，并获得奖学金，在巴黎大学继续攻读数学学士学位。

1894年接受国家工业发展委员会关于钢铁磁性的研究课题。4月，与皮埃尔·居里结识。7月，以优异成绩通过数学学士学位考试。后回波兰度假。10月，返回巴黎，继续其课题研究。

1895年7月25日，与皮埃尔·居里喜结良缘。

1896年2月，法国物理学家贝克莱尔教授发现铀可以放射出一种射线。两年后，这种被称为“贝克莱尔射线”的未知射线引起居里夫妇的关注。8月，通过中学教师资格考试，获物理考试第一名，进物理和化学学校实验室工作。

1897年第一篇论文《淬火钢的磁化特性》发表。9月12日，大女儿艾莱娜出生。

1898年年初，选择铀射线作为博士论文选题。同时，发现钍也能放射出“贝克莱尔射线”，命名为“放射性”。夫妇两人合作研究放射学。7月，宣布发现一个新放射性元素，其放射性比铀强四百倍，被命名为“钋”，以纪念自己的祖国波兰。12月，夫妇两人与贝蒙合作，又发现一个新元素，其放射性比铀强一百万倍，命名为“镭”。

1899 年接受奥地利政府的一吨铀沥青矿渣，作为提炼镭之用。

1900 年 3 月，皮埃尔受聘为巴黎高等综合工艺学校助教。居里夫人被聘为塞弗尔女子高等师范学校教师，教物理。10 月，在法国数学家普安卡雷的举荐下，皮埃尔·居里前往巴黎大学为医学院学生讲授物理、化学和博物学。

1902 年夫妇两人终于提炼出一分克氯化镭，第一次测定镭的原子量为 225。居里夫人的父亲病逝，享年 70 岁。

1903 年 6 月，居里夫人的博士论文《放射性物质研究》获得通过，取得博士学位。12 月，夫妇两人与贝克莱尔共享 1903 年度的诺贝尔物理学奖。居里夫人成为第一位荣获诺贝尔奖的女性。

1904 年 10 月，任巴黎大学理学院物理实验室主任。12 月，二女儿艾娃出生。

1905 年 6 月，居里夫妇前往斯德哥尔摩领取因病未能及时前去领取的诺贝尔奖。7 月，皮埃尔当选为法国科学院院士。

1906 年 4 月，皮埃尔遇车祸身亡，终年 47 岁。5 月，居里夫人去巴黎大学接替丈夫的工作，教授物理课，内容为电与物质的现代理论。

1907 年提炼出纯净氯化镭，并测定出镭的原子量为

226，发表论文《论镭的原子量》。

1908 年晋升为教授。

1910 年 2 月，皮埃尔的父亲去世。提炼出纯净镭元素。《论放射性》两卷本专著问世。9 月，参加在布鲁塞尔举行的放射学会议。发表《放射性系数表》。接受委托制取 21 毫克金属镭作为基本测定标准，存放于巴黎国际度量衡标准局。

1911 年 1 月，竞选法国科学院院士，以几票之差落选。12 月，瑞典诺贝尔奖委员会宣布授予她 1911 年度诺贝尔化学奖。居里夫人成为第一位两次获得诺贝尔奖的人。11 日，做了获诺贝尔奖演讲，题为《镭和化学中的新概念》。

1912 年 12 月，论文《放射性的测量和镭的标准》发表。

1913 年华沙实验室建立，亲自前往揭幕。夏天，接受肾脏手术。10 月，出席在布鲁塞尔举行的第二届索尔维会议。

1914 年 7 月，巴黎镭研所居里楼落成，担任实验室主任。7 月 28 日，第一次世界大战爆发。

1914 年—1918 年往返于法国各大战区，指导 18 个战地医疗服务队，用 X 光配合战地救护。

1918 年 11 月，战争结束。波兰独立，成为波兰共和国。

1919 年巴黎镭研所恢复运作。

1920 年居里基金会成立，开始向镭研所拨款。5 月，美国新闻工作者梅乐内夫人采访居里夫人后，回到美国，号召美国妇女捐款，购得1克镭捐给居里夫人。

1921年《放射学和战争》一书面世。3月8日，与北京大学校长蔡元培会晤。5月，携两女儿出访美国，接受捐赠的1克镭。5月20日，由美国总统哈定在白宫主持赠送仪式。10月，出席在布鲁塞尔举行的第三届索尔维会议。

1922年2月，当选为巴黎医学科学院院士。5月，出任联合国国际文化合作委员会委员。

1923年7月，做白内障手术，未痊愈，后于1924年和1930年，又接受了两次手术。撰写《皮埃尔·居里传》(1924年出版)，并应梅乐内夫人之请，撰写《自传》。

1924年巴黎大学举行纪念大会，庆祝发现镭25周年。12月，接受朗之万介绍的学生约里奥为助手。

1925年回华沙为波兰镭研所奠基，并任名誉所长。10月，出席第四届索尔维会议。

1926年10月，艾莱娜与约里奥喜结连理。

1927年10月，出席第五届索尔维会议。

1929年第二次访美，代表华沙镭研所接受美国人民赠给波兰的1克镭，由胡佛总统主持赠送仪式。秋天，接受中国清华大学物理系首届毕业生施士元为研究生。

1930年10月，出席第六届索尔维会议。

1931 年前往华沙主持波兰镭研所的开幕典礼。

1933 年在西班牙马德里举行的国际文化合作委员会会议上被选为主席。10 月，与约里奥·居里夫妇一起出席第七届索尔维会议。约里奥·居里在会上报告了“他们很有成就”的研究论文。

1934 年在居里夫人的指导下，约里奥·居里夫妇发现了人工放射性。两卷本《放射性》完稿（1935 年出版）。6 月，因病入疗养院。7 月 4 日，因白血病辞世。7 月 6 日，安葬于苏城居里墓地。7 月 7 日，中国中央研究院院长蔡元培致唁电。德比埃尔接任居里实验室主任。

1935 年 11 月，约里奥·居里夫妇因“研究和合成人工放射性”而双双获得诺贝尔化学奖。

1946 年居里夫妇的大女儿艾莱娜接任居里实验室主任。

1965 年 12 月，二女儿艾娃的丈夫亨利·拉布伊斯以联合国儿童基金会总干事的身份在斯德哥尔摩接受诺贝尔和平奖。